Witt
Verkaufsmanagement

Praxis der Unternehmensführung

Prof. Jürgen Witt

Verkaufsmanagement

Verkaufsleitung
Absatzkonzept
Führungskonzept
Verkaufsorganisation
Verkaufsplanung
Vertriebs-Informationssysteme
Vergütungssysteme
Verkäuferschulung
Verkaufsgespräch

GABLER

Die Deutsche Bibliothek – CIP-Einheitsaufnahme

Witt, Jürgen:
Verkaufsmanagement / Jürgen Witt. – Wiesbaden : Gabler, 1995
(Praxis der Unternehmensführung)
ISBN 978-3-409-13557-3   ISBN 978-3-663-05893-9 (eBook)
DOI 10.1007/978-3-663-05893-9

Der Gabler Verlag ist ein Unternehmen der Bertelsmann Fachinformation.
© Springer Fachmedien Wiesbaden 1995
Ursprünglich erschienen bei Betriebswirtschaftlicher Verlag Dr. Th. Gabler GmbH, Wiesbaden 1995
Lektorat: Dr. Walter Nachtigall

Das Werk einschließlich aller seiner Teile ist urheberrechtlich geschützt. Jede Verwertung außerhalb der engen Grenzen des Urheberrechtsgesetzes ist ohne Zustimmung des Verlages unzulässig und strafbar. Das gilt insbesondere für Vervielfältigungen, Übersetzungen, Mikroverfilmungen und die Einspeicherung und Verarbeitung in elektronischen Systemen.

Höchste inhaltliche und technische Qualität unserer Produkte ist unser Ziel. Bei der Produktion und Verbreitung unserer Bücher wollen wir die Umwelt schonen. Dieses Buch ist auf säurefreiem und chlorfrei gebleichtem Papier gedruckt. Die Buchverpackung besteht aus Polyäthylen und damit aus organischen Grundstoffen, die weder bei der Herstellung noch bei der Verbrennung Schadstoffe freisetzen.

Die Wiedergabe von Gebrauchsnamen, Handelsnamen, Warenbezeichnungen usw. in diesem Werk berechtigt auch ohne besondere Kennzeichnung nicht zu der Annahme, daß solche Namen im Sinne der Warenzeichen- und Markenschutz-Gesetzgebung als frei zu betrachten wären und daher von jedermann benutzt werden dürften.

Umschlaggestaltung: Susanne Ahlheim AGD, Weinheim
Satz: ITS Text und Satz GmbH, Herford

Inhalt

1 Die Grundlagen des Verkaufs und des Verkaufsmanagements 1
  1.1 Die Aufgaben des Verkaufs im Marketing 1
  1.2 Die aktuelle Vertriebssituation 6
  1.3 Die Aufgaben und Instrumente des Verkaufsmanagements 10
  1.4 Die Eignungsmerkmale des Verkaufsleiters 13

2 Das Konzept der Verkaufsleitung 15
  2.1 Wesen und Aufgabe eines Konzepts 15
  2.2 Das Absatzkonzept 17
    2.2.1 Geschäftsfeld 17
    2.2.2 Absatzziele 20
    2.2.3 Absatzstrategien 24
    2.2.4 Absatzmethoden 25
    2.2.5 Verkaufsstil 26
  2.3 Das Führungskonzept 26
    2.3.1 Wahl des Führungskonzepts 26
    2.3.2 Führen mit Zielvereinbarungen 28

3 Der Aufbau der Verkaufsorganisation 30
  3.1 Sinn und Zweck der Verkaufsorganisation 30
  3.2 Die Gliederung der Verkaufsorganisation 31
  3.3 Die Größe der Verkaufsorganisation (Zahl der Mitarbeiter) 40
  3.4 Die Bildung von Verkaufsbezirken 45

3.5	Die Suche und die Auswahl von Außendienst-Mitarbeitern	48
3.6	Das Eignungsprofil des Verkäufers	54
3.7	Die Aufgabenbeschreibung für Verkäufer	57

4 Der Einsatz der Verkaufsorganisation 58

4.1	Die Aufgaben und Instrumente		58
	4.1.1	Aufgabenstellung der Verkaufsorganisation	58
	4.1.2	Instrumente der Verkaufsorganisation ...	61
4.2	Das Steuerungssystem		64
	4.2.1	Auftragserteilung	64
	4.2.2	Kontrollsystem	68
4.3	Die Verkaufsplanung als Grundlage der Steuerung		74
	4.3.1	Bausteine der Verkaufsplanung	75
	4.3.2	Maßnahmenplanung	76
	4.3.3	Kostenplanung	77
	4.3.4	Umsatzplanung als Kernstück der Verkaufsplanung	78
	4.3.5	Planungsverfahren	80
	4.3.6	Die Organisation der Planung	83
4.4	Das Vertriebs-Informationssystem (VIS)		86
	4.4.1	Aufbau des VIS	86
	4.4.2	Informationsumfang des VIS	88
4.5	Das Vergütungssystem		91
	4.5.1	Vergütung als Motivations- und Steuerungsinstrument	91
	4.5.2	Die Gestaltungsrichtlinien für das Vergütungssystem	93
	4.5.3	Vergütungssysteme: Übersicht und Beurteilung	95
4.6	Die Aktivierung der Mitarbeiter		100
4.7	Die Unterstützung der Mitarbeiter		102

5 Die Verkäuferschulung 105
  5.1 Die Aufgaben der Verkäuferschulung 105
  5.2 Das erfolgreiche Verkaufsgespräch 106
  5.3 Methodische Grundregeln der
      Verkäuferschulung 108

Literaturverzeichnis 110

Stichwortverzeichnis 113

1 Die Grundlagen des Verkaufs und des Verkaufsmanagements

1.1 Die Aufgaben des Verkaufs im Marketing

Mit dem Übergang vom Verkäufer- zum Käufermarkt hängt die Wettbewerbsfähigkeit eines Unternehmens in immer stärkerem Maße von dessen Marketing ab.

Marketing ist das Konzept der marktorientierten Unternehmensführung. Es beruht auf der Einsicht, daß Unternehmen nicht einseitig von der Technik beherrscht werden dürfen, wenn sie sich auf den heutigen Käufermärkten, die durch intensiven Wettbewerb und anspruchsvolle Kunden gekennzeichnet sind, behaupten wollen. Vielmehr müssen alle Aktivitäten des Unternehmens auf den Markt mit seinen Möglichkeiten und Anforderungen ausgerichtet werden.

Wenn ein Unternehmen auf einem Käufermarkt erfolgreich sein will, kommt es nicht darauf an, zu verkaufen, was es herstellen kann, sondern herzustellen, was sich mit Gewinn verkaufen läßt.

Unternehmen sind in diesem Sinne also markt- und nicht produktorientiert zu führen. Im Mittelpunkt dieser Denkweise steht der Kunde mit seinen Wünschen und Erwartungen, die es bestmöglich zu erfüllen gilt.

Um die konkrete *Marketing-Konzeption* für ein Unternehmen zu bestimmen, sind zunächst von der Geschäftsleitung verschiedene strategische Entscheidungen zu treffen, mit denen die Grundlagen der Unternehmens- und der Vertriebspolitik definiert werden. Es ist festzulegen,

– welchen Markt ein Unternehmen bearbeiten will,

– welche Marktposition angestrebt wird und

– welche Marketingstrategien eingesetzt werden sollen.

Auf der Grundlage der Marketing-Konzeption wird über das absatzpolitische Instrumentarium entschieden. Das Ergebnis dieses Planungsprozesses ist das „*Marketing-Mix*". Die *Marketinginstrumente* sind in der Übersicht zusammengefaßt.

Marketinginstrumente
– Verkaufsprogramm
– Verkaufspreis und Verkaufsbedingungen
– Vertriebssystem
– Werbung und Verkaufsförderung
– Logistik
– Kundendienst

Der Absatzerfolg ist das Ergebnis aus der richtigen Gestaltung all dieser Instrumente.

Der *Verkauf* ist – neben der Absatzwegepolitik – Teil des Vertriebssystems. Seine Aufgabe besteht darin, den Kontakt zu den Kunden herzustellen und diese zum Kauf zu bewegen. Gelingt dies nicht, sind alle übrigen Marketingaktivitäten umsonst gewesen.

Allerdings ist erfolgreiches Verkaufen nur möglich, wenn durch das Marketing die Weichen richtig gestellt werden. „Verkaufen ist keine Kunst, wenn das Marketing stimmt."

Erfolgreiches Verkaufen erfordert zunächst ein marktgerechtes Verkaufsprogramm sowie konkurrenzfähige Verkaufspreise und -bedingungen. Steht ein Unternehmen vor Absatzschwierigkeiten, sind im ersten Schritt diese Instrumente zu überprüfen, bevor die Ursache im Verkauf gesucht wird.

Werbung und Verkaufsförderung erleichtern und unterstützen die Verkaufstätigkeit.

Eine gut organisierte Logistik und ein zuverlässiger Kundendienst sind für den langfristigen Verkaufserfolg unerläßlich.

Der Verkauf ist die Brücke des Unternehmens zum Markt. Die Mitarbeiter im Verkauf stehen in unmittelbarem Kontakt zum Kunden, um diesen zum Kauf zu bewegen. Dazu muß der Kunde aufgesucht werden, es müssen Angebote erarbeitet, Preise und Konditionen verhandelt und die Abwicklung der Aufträge veranlaßt werden. Das sind die Grundaufgaben des Verkaufs.

Der Verkauf sollte jedoch nicht nur als Ausführungsorgan des Marketing eingesetzt werden. Aufgrund seiner vielfältigen Kundenkontakte, die sich aus seiner Verkaufsaufgabe ergeben, verfügt er über umfangreiche Marktinformationen (Absatzpotentiale, Kundenwünsche, Wettbewerbspolitik), die zunächst für die Planung seiner eigenen Tätigkeit unverzichtbar, darüber hinaus jedoch auch für die Marketingplanung sehr wertvoll sind. Dieses Wissen gilt es zu nutzen.

Hinzu kommt, daß vom Verkauf nicht nur Informationen, sondern auch Ideen für die Verbesserung der geschäftlichen Aktivitäten (Märkte, Produkte, Preise, Werbung) erwartet werden können. Auch dieses Kreativitätspotential des Verkaufs ist für das Marketing zu verwerten.

Zu diesem Zweck ist der Verkauf in die Marketingplanung mit einzubeziehen. Der Verkauf darf deshalb nicht als ein isolierter Bereich innerhalb der gesamten Vertriebsorganisation unabhängig vom Marketing operieren. Um eine enge Zusammenarbeit zwischen Marketing und Verkauf sicherzustellen, ist durch entsprechende organisatorische Maßnahmen für eine intensive Kommunikation zwischen Verkauf und Marketing zu sorgen.

Schließlich tritt der Verkauf den Kunden gegenüber „in Vertretung" des Unternehmens auf. Die Verkäufer repräsentieren das Unternehmen und übernehmen damit in Verbindung mit ihren Verkaufsbemühungen werbliche Aktivitäten.

Der Verkauf hat also vielfältige Aufgaben zu erfüllen, die sich wie folgt zusammenfassen lassen:

Aufgaben des Verkaufs
– Bearbeiten von Kunden
– Veranlassen der Auftragsabwicklung
– Gewinnen von Marktinformationen
– Mitarbeiten an der Marketingplanung
– Repräsentieren des Unternehmens

Der Verkauf hat für den Absatzerfolg eines Unternehmens unterschiedliche Bedeutung.

Auf dem Verkäufermarkt, der durch eine Mangelsituation („Nachfrageüberhang") begründet ist, kommt dem Verkauf eine untergeordnete Rolle zu. In einer solchen Situation besteht das Verkaufen im Grunde in einer Verteilungstätigkeit. Die Verkäufer sind bestenfalls Auftragssammler. Aktive Kundenbearbeitung ist bei einer solchen Marktsituation nicht üblich und auch nicht angebracht.

Entsprechend beschränkt sich das Verkaufsmanagement auf ein „Verwalten" der Verkaufsabteilung.

Mit dem Wandel vom Verkäufer- zum Käufermarkt wird das Verkaufen für die Unternehmen zu einer zunehmenden Herausforderung. Der Verkäufermarkt ist der typische Markt unserer Wohlstandsgesellschaft. Auf einem solchen Markt muß professionell verkauft werden. Verteilen allein genügt nicht mehr. Diese Situation erfordert ein aktives *Verkaufsmanagement*.

Viele Unternehmen, die bisher von den für sie günstigen Absatzbedingungen des Verkäufermarktes verwöhnt worden sind, erkennen erst mit Verzögerung, wie wichtig der Verkauf zur Sicherung des Absatzerfolges geworden ist.

Der Absatzerfolg hängt heute entscheidend von der Schlagkraft der Verkaufsorganisation und der Qualifikation des Verkaufsmanagements ab. Oft ist der Verkauf das Absatzinstrument, auf dem der Wettbewerbsvorteil des Unternehmens beruht. Das gilt besonders bei beratungsbedürftigen Angeboten.

Der Verkauf ist besonders wichtig für mittelständische Firmen, für sie ist eine intensive Medienwerbung oft zu teuer und auch unwirtschaftlich (Streuverlust!). Der Verkauf wird in diesen Betrieben auch wesentlich zur Marktanalyse und -beobachtung eingesetzt.

Auch beim Vertrieb von Investitionsgütern, der mit einer eingehenden Beratung des Kunden verbunden ist, kommt dem Verkauf eine größere Bedeutung zu als der Werbung. Die Kosten des Verkaufs betragen hier vielfach um die 10 %, wohingegen der Werbeaufwand unter 2 % des Umsatzes liegt.

Beim industriellen Vertrieb von Konsumgütern wird überwiegend der Handel eingeschaltet. Der Verkauf bearbeitet hier den Handel, während der Verbraucher durch die Medienwerbung beeinflußt wird. Bei diesem Vertriebssystem werden besonders von der Markenartikelindustrie erhebliche Beträge in die Werbung investiert.

1.2 Die aktuelle Vertriebssituation

Die rationelle Gestaltung des Verkaufs verlangt eine genaue Kenntnis der jeweiligen Vertriebssituation. Die aktuelle Vertriebssituation ist für die meisten Unternehmen im wesentlichen durch die in der Übersicht aufgeführten Merkmale geprägt.

Merkmale der aktuellen Vertriebssituation	
Marktdaten	*Unternehmensdaten*
– Intensiver Wettbewerb	– Größere Unternehmen
– Anspruchsvolle und kritische Kunden mit hohem Informationsstand, individuellen Wünschen und wechselhaftem Verhalten	– Steigende Vertriebskosten
	– Anspruchsvolle, selbstbewußte Mitarbeiter
– Tendenz zum Massenmarkt	– Mangel an Fachkräften
	– Neue Medien.
– Tendenz zur Marktsättigung	
– Häufige Marktveränderungen	

Welche Konsequenzen ergeben sich aus diesen Bedingungen für den Verkauf?

Intensiver Wettbewerb ermöglicht dem Kunden, zwischen einer Vielfalt von Angeboten auszuwählen. Dabei wird der Kunde grundsätzlich das aus seiner Sicht günstigste Angebot bevorzugen.

Harter Konkurrenzkampf übt einen ständigen Druck auf die Preise aus. Ruinöser Preiswettbewerb ist oftmals die Folge.

Intensiver Wettbewerb zwingt die Anbieter, ihre Leistungen zu steigern. Die Märkte sind mit verstärkter Schlagkraft zu bearbeiten. Verfehlt ist allerdings ungezügelte Aktionitis. Im härter werdenden Konkurrenzkampf behaupten sich nur jene Unternehmen, die es verstehen, ihre Aktivitäten auf die Anforderungen des Marktes auszurichten. Das heißt vor allem, auf die Wünsche der Kunden einzugehen.

Die Wettbewerbsfähigkeit eines Unternehmens hängt entscheidend davon ab, ob ein attraktives Angebotsprofil aufgebaut werden konnte. Zu diesem Zweck sind Angebote zu entwickeln, die über Wettbewerbsvorteile verfügen, und der Kunde ist über diese überzeugend zu informieren. Das erste ist eine Frage der fachlichen Kompetenz, das zweite eine Frage der Kommunikation (Eine populäre Marketingregel heißt: „Tue Gutes und rede darüber!").

Anspruchsvolle und kritische Kunden sind in hohem Maße qualitätsbewußt. Die Qualität der gekauften Ware muß stimmen. Sie legen den Qualitätsstandard fest, nach dem sie beim Angebotsvergleich eingehend die Angemessenheit des Leistungs-/Preisverhältnisses prüfen. Anspruchsvolle Kunden erwarten, daß der Verkäufer auf ihre Bedarfssituation gezielt und umfassend eingeht.

Die Verkäufer haben es zunehmend mit informierten Kunden zu tun, die über eigene umfangreiche Produkterfahrung verfügen und deshalb zumindest beim Kauf von Standardprodukten auf eine Beratung weitgehend oder sogar völlig verzichten können (vgl. dazu die Selbstbedienung bei Produkten des täglichen Bedarfs). Sofern Beratung vom Kunden verlangt wird, muß sie fachkundig sein.

Der anspruchsvolle und kritische Kunde will durch sachliche Argumente überzeugt und nicht durch eloquente Rhetorik überredet werden.

Dabei haben die heutigen Kunden unterschiedliche Wünsche und Erwartungen. Es gibt nicht mehr *den* Kunden. „Otto Normalverbraucher ist tot!".

Viele Kunden wechseln in rascher Folge ihre Produktwünsche und ihr Kaufverhalten. Dadurch entstehen immer wieder neue Verkaufssituationen. Wechselhaftes Kundenverhalten macht es erforderlich, sich auf den einzelnen Kunden immer wieder neu einzustellen.

Tendenz zum Massenmarkt. Ihr unterliegen alle erfolgreichen Produkte, die sich an einen großen Kundenkreis richten. Die hohe Kaufkraft breiter Bevölkerungsschichten macht fast jedes Produkt für alle Verbraucher erschwinglich, wenn sie auch Präferenzen setzen müssen. Dadurch entsteht Massenkonsum, der die Massenproduktion ermöglicht und die Massendistribution erfordert.

Der Übergang zum Massenmarkt wird von dramatischen Preissenkungen begleitet, die für zahlreiche Unternehmen zu einem existenzbedrohenden Preisverfall führen. Auf einem solchen Markt besteht ein ständiger massiver Preisdruck, der vom Verkauf fundierte Argumentation und starke Widerstandskraft verlangt.

Tendenz zur Marktsättigung bedeutet, wir haben es mit stagnierender, wenn nicht sogar rückläufiger Nachfrage zu tun. Sie tritt früher oder später auf jedem Markt auf. Hier ist zunächst das Marketing gefordert. Die Einführung neuer Produkte und die Erschließung neuer Märkte sind die klassische Antwort auf Sättigungstendenzen des Marktes. Das geht nicht ohne einen schlagkräftigen Verkauf.

Häufige Marktveränderungen stellen den Verkauf immer wieder vor neue Situationen. Veränderte Kundenwünsche, nachlassender Bedarf, neue Wettbewerber, neue Wettbewerbsaktivitäten, aber auch das Entstehen neuer Märkte bringen neue Probleme und Risiken, aber auch neue Chancen.

Die Führung *größerer Unternehmen* erfordert professionelles Management. Das gilt auch für die Verkaufsleitung. Besonders jene Verkaufsleiter, die ihre Führungsposition nach langjähriger Verkaufspraxis erlangt haben, nehmen häufig ihre Managementaufgaben zu wenig wahr (vgl. dazu die Aufgaben des Verkaufsmanagements). Sie sind ihre besten Verkäufer. Im Grunde operieren sie nicht als Verkaufsleiter, sondern als „Oberreisende".

Im Management tätig zu sein bedeutet, in erheblichem Maße „Schreibtischarbeit" leisten zu müssen. Einer solchen Tätigkeit versucht der Verkaufspraktiker von seinem Naturell her möglichst aus dem Wege zu gehen.

Steigende Vertriebskosten sind zunächst die Folge des allgemeinen Kostenanstiegs. Besonders die Personal- und die Reisekosten, die einen großen Anteil an den Verkaufskosten ausmachen, haben sich in den letzten Jahren beträchtlich erhöht. Hinzu kommen die zunehmenden Verkaufswiderstände besonders auf gesättigten Märkten, die verstärkte Verkaufsaktivitäten erfordern, wodurch sich die Verkaufskosten zusätzlich erhöhen.

Anspruchsvolle, selbstbewußte Mitarbeiter legen auf Arbeitsplätze Wert, die ihren Vorstellungen und Erwartungen möglichst weitgehend entsprechen. Auch möchten sie mitentscheiden. Diese Situation erfordert neue Führungskonzepte, die auf Kooperation und Partnerschaft fußen.

Der *Mangel an Fachkräften* auch im Verkauf, der sich besonders stark in Zeiten der Hochkonjunktur bemerkbar macht, hängt mit den zunehmenden Anforderungen des Marktes an die Qualifikation der Verkäufer zusammen. In vielen Unternehmen wird über die Schwierigkeiten geklagt, begabte und erfahrene Verkäufer „von außen" zu gewinnen. Systematische Schulungsprogramme zur Ausbildung des vorhandenen Personals in der Verwaltung für eine Tätigkeit im Verkauf werden deshalb immer wichtiger.

Neue Medien, insbesondere die PCs, sind das Ergebnis des Fortschritts der modernen Kommunikationstechnologie. Diese gilt es auch im Verkauf zu nutzen. Elektronische Medien lassen sich sowohl zur Verbesserung der Verkaufstätigkeit (Computer Aided Selling/CAS) als auch des Verkaufsmanagements einsetzen.

1.3 Die Aufgaben und Instrumente des Verkaufsmanagements

Der Verkaufsleiter hat sich im allgemeinen mit den folgenden drei Aufgabenbereichen zu befassen.

1. Führung der Verkaufsorganisation

2. Betreuung von Großkunden

3. Mitarbeit an der Marketingplanung

Die Kernaufgabe des Verkaufsleiters ist die Führung der Verkaufsorganisation.

Da die Großkunden den Unternehmenserfolg entscheidend beeinflussen, werden diese vielfach vom Verkaufsleiter selbst betreut. Auch legen diese Kunden häufig Wert darauf, mit einem Mitglied der Geschäftsleitung persönlich zu verhandeln. Es ist darauf zu achten, daß der Verkaufsleiter durch die Wahrnehmung dieser operativen Tätigkeit seine eigentliche Führungsaufgabe nicht vernachlässigt. (Der Verkaufsleiter als „Oberreisender".)

Die besondere Kompetenz des Verkaufsleiters für die Mitarbeiter an der Marketingplanung ergibt sich aus den unmittelbaren Kontakten der Verkaufsorganisation zum Markt. In welchem Ausmaß der Verkaufsleiter auf die Marketingplanung Einfluß nehmen kann, hängt von seiner Einordnung in die Unternehmensorganisation und seiner „persönlichen Stärke" ab.

Bei der Erfüllung seiner Aufgaben hat sich der Verkaufsleiter an den Unternehmenszielen zu orientieren. Vom Verkaufsleiter wird erwartet, daß er diese Ziele im Rahmen seiner Aufgabenstellung aktiv, systematisch und innovativ verfolgt. Auch im Verkauf wird die Entwicklung und Durchsetzung neuer Ideen immer wichtiger. Der Verkaufsleiter muß sich dieser Aufgabe, nämlich neue Wege zu erschließen, konzentriert annehmen. Zu diesem Zweck muß er es vermeiden, im Tagesgeschäft „unterzugehen".

Um seine Kernaufgabe – die Führung der Verkaufsorganisation – professionell erfüllen zu können, benötigt der Verkaufsleiter für seine Arbeit ein Managementsystem, das die einzelnen Aufgaben und Instrumente der Verkaufsleitung als Führungskraft umfaßt (vgl. Übersicht).

Managementsystem der Verkaufsleitung	
Managementaufgaben	*Managementinstrumente*

– Entwicklung des Verkaufskonzeptes
– Aufbau der Verkaufsorganisation
– Einsatz der Verkaufsorganisation
– Weiterentwicklung der Verkaufsorganisation
	– Informationssystem
	– Planungssystem
	– Vollzugssystem
	  • Steuerung: Auftrag und Kontrolle
	  • Aktivierung
	  • Unterstützung
	– Kommunikationssystem

Ausgangspunkt und Grundlage des Managementsystems für die Verkaufsleitung ist das Verkaufskonzept, das die Grundentscheidungen über das Tätigkeitsfeld, die Langfristziele und die strategische Vorgehensweise der Marktbearbeitung enthält. Nach diesem Konzept ist die Verkaufsorganisation aufzubauen und einzusetzen. Damit die Schlagkraft der Verkaufsorganisation für die Zukunft erhalten bleibt, ist die Organisation weiterzuentwickeln. Diese Aufgabe wird häufig vernachlässigt.

Um die Managementaufgaben nicht „nach Gefühl", sondern „mit System" wahrzunehmen, müssen verschiedene Managementinstrumente zur Verfügung stehen. Im Mittelpunkt dieser Instrumente steht die Steuerung. Fundierte Steuerung setzt ein Planungssystem voraus. Grundlage für die Planung und die Steuerung (Kontrolle!) ist das Informationssystem, das die notwendigen Entscheidungsdaten liefert. Für die wirksame Zusammenarbeit der Mitarbeiter innerhalb einer Organisation muß ein Kommunikationssystem geschaffen werden.

Häufige Fehler in der Verkaufsleitung

In der Verkaufspraxis werden die Aufgaben von der Verkaufsleitung vielfach unzureichend wahrgenommen. Mangelhaftes Verkaufsmanagement liegt vor, wenn der Verkaufsleiter sich überwiegend betätigt als

– *Oberreisender*, der „an der Verkaufsfront" mitarbeitet, jedoch seine Managementaufgaben nicht wahrnimmt,

– *Inspektor*, der seine wichtigste Aufgabe in der Kontrolle seiner Mitarbeiter sieht, ohne sich um eine offene und vertrauensvolle Zusammenarbeit mit seinen Mitarbeitern zu bemühen,

– *Schreibtisch-Manager*, der seine Organisation durch Auswertung von Statistiken, Kennziffern und Berichten „vom grünen Tisch" ohne den direkten Kontakt zum Markt führt. Diesem

Managertyp ist das Führungskonzept „Management by wandering around" zu empfehlen.

1.4 Die Eignungsmerkmale des Verkaufsleiters

Der Verkaufsleiter ist eine Führungskraft, die über Marktkenntnisse und verkäuferische Fähigkeiten verfügen sollte. Diese Voraussetzungen genügen jedoch nicht, um eine Verkaufsorganisation erfolgreich führen zu können. Zur Führungsqualifikation des Verkaufsleiters gehören die in der Übersicht zusammengestellten Eignungsmerkmale.

Eignungsmerkmale des Verkaufsleiters

- Fähigkeit zu strategischem Denken (Konzepte entwickeln)
- Fähigkeit zu systematischem Handeln (Handeln auf der Grundlage von Plänen, Koordination von Maßnahmen)
- Kalkulatorisches Denken
- Fähigkeit zur Mitarbeiterführung (Durchsetzungsvermögen, Überzeugungskraft, Begeisterungsvermögen)

Unter diesen Eignungsmerkmalen ist die Fähigkeit zur Mitarbeiterführung besonders wichtig. Der Erfolg einer Verkaufsorganisation hängt entscheidend von der Aktivierung der Verkäufer ab. Verkäufer, die nicht von ihrer Aufgabe, ihrem Angebot und ihrem Unternehmen begeistert sind, können auch Kunden nicht begeistern. Hinzu kommt, daß der Verkäufer in der Auseinandersetzung mit schwierigen Kunden zahlreiche Frusterlebnisse zu verarbeiten hat. Diese Situation erfordert Verkaufsleiter, die es verstehen, ihre Mitarbeiter mitzureißen.

In der Praxis wird die Position des Verkaufsleiters verschiedentlich mit dem „besten" Verkäufer des Unternehmens besetzt. Sofern dieser Mitarbeiter nicht neben seinen verkäuferischen Fähigkeiten über die notwendigen Führungsqualitäten verfügt, ist diese Entscheidung in zweifacher Hinsicht verfehlt: Das Unternehmen verliert einen guten Verkäufer und installiert einen schlechten Verkaufsleiter.

2 Das Konzept der Verkaufsleitung

2.1 Wesen und Aufgabe eines Konzepts

Ein Konzept enthält die Grundentscheidungen über die Führung einer Organisation. Mit dem Konzept werden die Richtung, die Intensität und der Rahmen für die operativen und taktischen Maßnahmen festgelegt. Dadurch wird eine zielorientierte, aktive, koordinierte und wirtschaftliche Vorgehensweise möglich.

Mit der Konzeptplanung werden die Weichen für den Erfolg oder Mißerfolg einer Organisation oder eines Projektes gestellt. Ein Konzept umfaßt die nachfolgend aufgeführten Bausteine.

Bausteine eines Konzepts
– Tätigkeitsfeld
– Ziele (Basisziele, Schwerpunkte)
– Strategien
– Systeme
– Verhaltensgrundsätze (Handlungsstil)

Das Konzept ist der „rote Faden" für die Tätigkeit einer Organisation, der ihr einheitliches und geschlossenes Auftreten gewährleisten soll.

Ohne Konzept droht eine Organisation im Tagesgeschäft unterzugehen. Die Mitarbeiter entwickeln ihre eigenen, oft unterschiedlichen Verhaltensweisen, die schnell zu abwegigen und widersprüchlichen Aktivitäten führen.

Konzeptplanung soll verhindern, daß eine Organisation sich in einer Vielzahl von Aktivitäten („Aktionitis") verzettelt.

Konzepte sind zukunftsorientiert. Sie zeigen die Richtung auf, in die sich eine Organisation bewegen soll. Dazu sind langfristige Ziele („Visionen") erforderlich. Mit der Entwicklung eines Konzepts beschränkt sich die Führung nicht auf das Verwalten einer Organisation, sondern geht zur kreativen Gestaltung über.

Konzepte dürfen jedoch nicht zu allgemein gefaßt werden, weil sie sonst zu „Leerformeln" werden. Je konkreter Konzepte formuliert werden, desto besser können sie ihre gestalterische Aufgabe erfüllen.

Damit Konzepte sachgerecht und konsequent umgesetzt werden, müssen sie von den Mitarbeitern verstanden und akzeptiert werden. Zu diesem Zweck, sind sie ihnen ausreichend zu erläutern, ist ihnen die Möglichkeit zu geben, ihre Gedanken in die Konzeptplanung einzubringen. Eine Mitsprache der Mitarbeiter erhöht nicht nur die Akzeptanzbereitschaft, sondern kann auch durch neue Ideen das Konzept selbst verbessern. Die „kooperative" Konzeptplanung kann allerdings leicht dazu beitragen, daß „verwässerte" Konzepte geschaffen werden. „Viele Köche verderben den Brei!". Die Führung darf sich besonders bei der Konzeptplanung ihre Führungsverantwortung nicht nehmen lassen.

Das Konzept der Verkaufsleitung besteht aus

– dem Absatzkonzept und

– dem Führungskonzept.

Das *Absatzkonzept* enthält die absatzpolitischen Grundentscheidungen für die Tätigkeit der Verkaufsorganisation, die aus dem Unternehmenskonzept abgeleitet werden.

Das *Führungskonzept* umfaßt die führungspolitischen und organisatorischen Leitgedanken für die Zusammenarbeit zwischen Führung und Mitarbeitern.

Für die Planung des Absatzkonzepts ist die Geschäfts- und Marketingleitung zuständig.

Wegen des unmittelbaren Kontaktes der Verkaufsorganisation zu den Kunden ist die Verkaufsleitung in die Erstellung und Weiterentwicklung des Absatzkonzeptes einzubeziehen.

2.2 Das Absatzkonzept

2.2.1 Geschäftsfeld

Der Tätigkeitsbereich der Verkaufsorganisation ist durch das Geschäftsfeld vorgegeben. Aus dem Geschäftsfeld ergeben sich die Absatz- und Erfolgspotentiale für ein Unternehmen sowie die Anforderungen für die Gestaltung von Marketing und Verkaufsorganisation.

Eine eindeutige Definition des Geschäftsfeldes ist die Voraussetzung für einen konzentrierten Einsatz der Verkaufsorganisation. Es wird durch folgende Begriffe umrissen:

– Verkaufsprogramm,

– Kundenkreis,

– Absatzgebiet.

Ausgangspunkt für die Bestimmung des Geschäftsfeldes ist das *Verkaufsprogramm*. Aus dem Verkaufsprogramm ergibt sich der

Kreis der potentiellen Kunden, deren Standort wiederum das potentielle Absatzgebiet definiert.

Für den wirtschaftlichen Einsatz der Verkaufsorganisation ist es besonders wichtig, den Kreis der zu bearbeitenden Kunden (*Zielgruppe*) eindeutig zu beschreiben. Geschieht dies nicht, entsteht die Gefahr, daß der Verkauf sich um Kunden bemüht, die nicht in das Programm des Unternehmens passen.

Mit dem *Absatzgebiet*, in dem ein Unternehmen operieren will, wird letztlich das Absatzpotential festgelegt. Entsprechend der angestrebten Unternehmensgröße wird die Entscheidung für den lokalen, regionalen, nationalen oder internationalen Vertrieb fallen.

Die Größe des Absatzgebietes ist nicht nur unter akquisitorischen, sondern auch unter kalkulatorischen Gesichtspunkten zu bestimmen. Mit zunehmender Gebietsgröße steigen die Entfernungen und damit die Vertriebskosten. Das gilt sowohl für die Kundenbearbeitung als auch für die Logistik und den Kundendienst. Besonders kleinere Unternehmen sind deshalb gut beraten, wenn sie sich auf ein kleineres Absatzgebiet beschränken und dieses konzentriert bearbeiten.

Bei der Bestimmung des Geschäftsfeldes ist grundsätzlich anzustreben, die umsatzstarken und wachstumsträchtigen Geschäftsbereiche als Kerngeschäft zu definieren. Dabei ist allerdings zu überprüfen, ob diese Geschäftsbereiche auch entsprechend gewinnbringend sind.

Für Kleinunternehmen ist es im allgemeinen vorteilhaft, sich kleinere Geschäftsbereiche auszusuchen, um nicht in den meist ruinösen Wettbewerbskampf mit Großanbietern und eine gefährliche existentielle Abhängigkeit von Großkunden zu geraten.

Zur Bestimmung – insbesondere zur Überprüfung und zur Weiterentwicklung – des Geschäftsfeldes kann der Verkauf einen wichtigen Beitrag leisten.

Im Rahmen seiner Kundenkontakte läßt sich durch den Verkauf ermitteln,

- über welche Absatz- und Erfolgspotentiale die einzelnen Geschäftsbereiche verfügen,

- welche Geschäftsbereiche aufgrund ihres Anforderungsprofiles der Kompetenz des Unternehmens besonders gut entsprechen und bei welchen dies nicht der Fall ist,

- welche Wachstumschancen die einzelnen Geschäftsbereiche haben,

- wie stark sie von der Konkurrenz beherrscht werden und

- wo sich neue interessante Geschäftsbereiche auftun.

Die Dynamik des modernen Absatzmarktes macht es erforderlich, die Entwicklung des Geschäftsfeldes aufmerksam zu verfolgen. Als Konsequenz sind neue gewinnversprechende Kundengruppen, Produktbereiche und Absatzregionen hinzuzunehmen und bisher bearbeitete Geschäftsbereiche, die sich nicht mehr lohnen, zu streichen.

Aus der Wahl des Geschäftsfeldes ergeben sich wesentliche Konsequenzen für die Größe, Struktur und die Qualifikationsmerkmale der *Verkaufsorganisation*.

Mit dem Umfang des Verkaufsprogrammes, des Kundenkreises und des Absatzgebietes nimmt grundsätzlich auch die Größe der benötigten Verkaufsorganisation zu.

Je heterogener die Struktur des Geschäftsfeldes ist, desto problematischer wird es, nur mit einer einzigen Verkaufsorganisation zu arbeiten.

Aus der Beschaffenheit der Produkte, die das Verkaufsprogramm eines Unternehmens umfassen, ergibt sich in Verbindung mit dem Informationsstand der Kunden, über welche produktspezifischen Kenntnisse das Verkaufspersonal verfügen muß und in welchem Umfang Beratungsleistungen im Rahmen des Verkaufsgespräches notwendig sind. Entsprechend ist das Eignungsprofil der Verkäufer festzulegen, nach dem Mitarbeiter für den Verkauf eingestellt und geschult werden.

Technisch oder auch modisch anspruchsvolle Produkte und Kunden verlangen eine entsprechend qualifizierte Verkaufsorganisation (Beratung!).

2.2.2 Absatzziele

Die konzeptionellen Absatzziele sind langfristige Entscheidungen, die aus der unternehmenspolitischen Zielplanung (Rentabilität, Unternehmensgröße, Unternehmensprofil) abzuleiten sind.

Das strategische Ziel des Verkaufs besteht darin, das Absatz- und Erfolgspotential des bearbeiteten Geschäftsfeldes im Rahmen der unternehmenspolitischen Zielplanung bestmöglich auszuschöpfen.

Oberstes Ziel ist hierbei die Erwirtschaftung einer angemessenen Rentabilität, ohne die die Zukunft des Unternehmens nicht gesichert werden kann. Letztlich sind alle Entscheidungen in einem Unternehmen darauf zu überprüfen, wie sie sich zumindest langfristig auf die Rentabilität auswirken.

Maßstab für die Ausschöpfung des Absatzpotentials, über das ein Geschäftsfeld verfügt, ist der Marktanteil. Diese Größe beschreibt die quantitative Marktposition, die ein Unternehmen im Hinblick auf das Absatzvolumen erreicht hat.

$$\text{Marktanteil (in Prozent)} = \frac{\text{Firmenabsatz}}{\text{Branchenabsatz}} \cdot 100$$

Weitere wichtige Kennziffern der Marktausschöpfung sind die Käuferreichweite, die Distributionsrate und die Bezugsquote je Kunde.

Die *Käuferreichweite* – sofern die Käufer Handelsbetriebe sind, wird von Distributionsrate gesprochen – gibt an, wieviel Käufer prozentual von der Gesamtzahl der potentiellen Käufer als Kunden gewonnen werden konnten.

Hierbei kann zwischen numerischer und gewichteter Käuferreichweite bzw. Distributionsrate unterschieden werden. Die numerische Käuferreichweite wird ausschließlich auf der Grundlage der Käuferzahlen ohne Berücksichtigung der Kundengröße ermittelt. Die gewichtete Käuferreichweite erfaßt zusätzlich deren Absatzvolumen oder Marktanteil in dem jeweiligen Geschäftsfeld.

Die *Distributionsrate* „40/60" besagt also, daß das Unternehmen 40 % aller in Frage kommenden Handelsbetriebe beliefert und diese über einen Marktanteil von 60 % verfügen. Das Unternehmen hat es in diesem Fall verstanden, im Durchschnitt die größeren Handelsbetriebe als Kunden zu gewinnen.

Über die gewichtete Distributionsrate wird also kontrolliert, ob eine zweckmäßige Kundengrößenstruktur erreicht worden ist. Aus kalkulatorischen Überlegungen ist es bedenklich, wenn eine Überlast an Kleinkunden vorliegt. Andererseits ist es riskant, sich in die Abhängigkeit von wenigen Großkunden zu begeben.

Aus der Distributionsrate ist nicht zu erkennen, in welchem Ausmaß das Unternehmen das Bedarfsvolumen seiner Kunden abdeckt. Die entsprechende Kennziffer dafür ist die *Bezugsquote je Kunde*. Grundsätzlich empfiehlt es sich, eine hohe Bezugsquote zu erreichen oder sogar zum Alleinlieferanten eines Kunden zu werden.

Die dominierende Kennziffer zur Beurteilung der Marktposition eines Unternehmens ist der Marktanteil. Der Marktanteil läßt nicht nur erkennen, in welchem Ausmaß es einem Unternehmen gelungen ist, Absatzpotentiale für sich zu erobern, sondern beeinflußt zusätzlich dessen Wettbewerbsfähigkeit und damit die Grundlage für die künftigen Erfolge. Je größer sein Marktanteil, um so mehr Möglichkeiten besitzt das Unternehmen,

– Kostendegressionen zu nutzen und damit wettbewerbspolitische Kostenvorteile zu erzielen,

– Marktmacht aufzubauen und

– sein Ansehen bei den Kunden zu erhöhen (Unternehmensprofil).

Aus diesem Grunde bemühen sich dynamisch geführte Unternehmen intensiv darum, den Marktanteil zu erweitern und möglichst Marktführerschaft zu erringen. Um wettbewerbsfähig zu bleiben, muß jedes Unternehmen anstreben, sich zumindest einen ausreichenden Marktanteil zu sichern.

Wie ausgeführt, verbessert ein Unternehmen mit der Vergrößerung des Marktanteils grundsätzlich seine Gewinnchancen. Zu warnen ist allerdings vor einer Politik, die sich vorrangig am Marktanteil orientiert und die Gewinnentwicklung aus dem Auge verliert. Marktanteil ist nicht Gewinn. Eine ungezügelte Ausweitung des Marktanteils kann nicht nur dazu führen, daß der Gewinn kurzfristig zurückgeht, sondern auch die langfristigen Renditeaussichten verschlechtert werden.

In diesem Sinne darf die Absatzpolitik nicht ausschließlich vom Streben nach Umsatzsteigerung beherrscht werden. In der Verkaufspraxis ist die Gefahr groß, daß der Umsatz und seine Steigerung zum obersten Ziel erhoben werden. Dies ist der Fall, wenn durch die Verkaufsplanung ausschließlich Umsatzquoten vorgegeben werden und die dadurch bewirkte Umsatzorientierung der Mitarbeiter zusätzlich durch ein Umsatzprovisionssystem verstärkt wird. Diese einseitig umsatzbezogene Steuerung verführt die Mitarbeiter dazu, Umsatz um jeden Preis zu machen. Gewinneinbußen sind meist die Folge.

Das Absatzziel ist auf Rentabilität und deren Verbesserung auszurichten. Zu diesem Zweck muß das Verkaufsmanagement seine Entscheidungen daraufhin überprüfen, wie sie sich auf den Gewinn auswirken. Dazu ist es wichtig, die Erfolgsstruktur des Unternehmens zu kennen. Mit Hilfe der Deckungsbeitragsrechung ist zu ermitteln, welche Erfolgsbeiträge in den einzelnen Absatzbereichen (Produktgruppen, Kundengruppen, Absatzregionen) erzielt werden. Auf der Grundlage dieser Erfolgsrechnung läßt sich zusammen mit der Absatzpotentialanalyse feststellen, welche Absatzbereiche gewinnstark, erfolgsschwach oder sogar verlustbringend sind. Entsprechend sind die Schwerpunkte der Marktbearbeitung zu setzen.

In qualitativer Hinsicht kommt die Marktposition eines Unternehmens durch sein Unternehmensprofil bei den Kunden und den Grad der erreichten Kundenzufriedenheit zum Ausdruck. Unternehmensprofil und Kundenzufriedenheit sind wesentliche Wettbewerbsfaktoren, die die künftige Unternehmensrentabilität beeinflussen. Der Verkauf muß deshalb im Rahmen seiner Marktbearbeitung auch das Ziel verfolgen, das angestrebte Unternehmensprofil in vorteilhafter Weise im Bewußtsein der Kunden zu verankern und einen hohen Grad der Kundenzufriedenheit zu erreichen.

2.2.3 Absatzstrategien

Strategien beschreiben die grundsätzliche Vorgehensweise, die eingeschlagen werden soll, um die gesetzten Ziele zu erreichen. Für die Gestaltung der Verkaufspolitik ist von entscheidender Bedeutung, über welchen Wettbewerbsvorteil sich das Unternehmen im Markt profilieren will.

Grundsätzlich kann der Wettbewerbsvorteil in einer Leistungspräferenz oder im Niedrigpreis liegen.

Zum Aufbau von Präferenzen gibt es die folgenden Möglichkeiten:

– sachlich (Sachnutzen des Angebots),

– psychologisch (Erlebnisnutzen des Angebots),

– wirtschaftlich (Verkaufspreis, Einsatzkosten!),

– zeitlich (Lieferzeit!),

– örtlich (Standort!),

– persönlich (zwischenmenschliche Kontakte!).

Entsprechend der gewählten strategischen Alternative ist zunächst das Angebot zu entwickeln und danach der Verkauf zu organisieren.

Besteht die Präferenzstrategie in einem überragenden Qualitätsniveau des Angebots, so muß das Leistungsprofil der Verkaufsorganisation entsprechend angepaßt werden.

Die Präferenz kann jedoch auch im Verkauf selbst liegen (hohe Schlagkraft, intensive Kundenberatung).

Beratung ist eine personalintensive Leistung, die hohe Kosten verursacht. Die Beratung darf deshalb nicht überzogen werden. Wirtschaftlich übertriebene Beratung liegt vor, wenn die Beratung zum Hauptzweck wird und das Bemühen um den Auftrag in den Hintergrund tritt.

Zur Präferenzstrategie gehört zunächst eine besondere Kompetenz, durch die sich das Unternehmen vom Wettbewerb abgrenzt. Dieser Leistungsvorsprung ist sodann durch entsprechende Kommunikationsaktivitäten bei den Kunden bekannt zu machen. Präferenzen werden erst durch Kommunikation wirksam. So müssen geeignete Verkaufsargumente erarbeitet werden, um die Präferenz (Nutzenargumentation!) wirkungsvoll zu kommunizieren.

Bei der Niedrigpreisstrategie steht die Organisation des Verkaufs – wie zunächst die Gestaltung des Angebots – unter dem Diktat der niedrigen Kosten. Entsprechend sind vorrangig unter Kostengesichtspunkten die Verkaufssysteme auszuwählen und die Verkaufsorganisation aufzubauen.

2.2.4 Absatzmethoden

Auf der Grundlage der gewählten Absatzstrategie ist die Absatzmethode festzulegen. Die Absatzmethode beschreibt, mit welchen Verfahren der Markt bearbeitet werden soll. Dazu ist zu entscheiden:

- Welches Vertriebssystem (direkter oder indirekter Vertrieb) soll gewählt werden?

- Welche Verkaufsformen und -instrumente sollen eingesetzt werden?

- Wie intensiv soll der Verkauf durch Werbung unterstützt werden?

Beim Aufbau der Absatzmethode sind Schlagkraft und Vertriebskosten in ein angemessenes Verhältnis zueinander zu bringen.

2.2.5 Verkaufsstil

Die Art und Weise, in der Verkäufer auf ihre Kunden eingehen und diese behandeln, ist sehr unterschiedlich. Der Verkaufsstil wird geprägt von der Mentalität, der persönlichen Verkaufsphilosophie und den allgemeinen Umgangsformen des Verkäufers.

Das Verkaufsmanagement muß darauf hinwirken, daß die Verkäufer einen Verkaufsstil anwenden, der die Beziehungen zum Kunden fördert und im Einklang mit der Verkaufsstrategie steht.

Aufgabe des Verkäufers ist es, die Interessen und die Möglichkeiten des Unternehmens mit den Wünschen des Kunden in Einklang zu bringen.

2.3 Das Führungskonzept

2.3.1 Wahl des Führungskonzepts

Mitarbeiter können unterschiedlich geführt werden. Welches Führungskonzept das richtige ist, hängt maßgeblich von der betrieblichen Situation ab.

Grundsätzlich kann zwischen der direktiven (autoritären) und der kooperativen Führung unterschieden werden. Die direktive Führung ist durch die Alleinentscheidung der Führungskraft gekennzeichnet, wohingegen bei der kooperativen Führung die Mitarbeiter in den Entscheidungsprozeß einbezogen werden. Die Tendenz geht heute zunehmend zur kooperativen Führung.

In der Übersicht sind die Grundsätze heutiger Mitarbeiterführung zusammengefaßt.

Grundsätze der Mitarbeiterführung

– Mitarbeiter sind in erster Linie Ertragsquellen, nicht Kostenverursacher

– Der wichtigste Schritt zur Entfaltung menschlicher Leistungspotentiale ist die richtige Besetzung der Arbeitsplätze

– Qualifizierte Mitarbeiter wollen nicht nur Ausführungsorgane sein, sie wollen mitgestalten und brauchen dazu Handlungsfreiräume

– Mitarbeiter wollen gefordert und beachtet werden

– Mitarbeiter müssen gerecht behandelt werden

– Mitarbeiter sind nicht nur als betriebliche Produktionsfaktoren, sondern auch als arbeitende Menschen zu betrachten, woraus sich eine soziale Verantwortung der Führung für die Mitarbeiter ergibt

---

Diese Grundsätze werden besonders gut durch das Konzept „Führen mit Zielvereinbarungen" verwirklicht (vgl. nächste Seite).

2.3.2 Führen mit Zielvereinbarungen

Die traditionelle Führung autoritärer Prägung lenkt durch maßnahmenbezogene Anweisungen, verbunden mit einem dichten Kontrollnetz.

Qualifizierte Mitarbeiter empfinden dieses Führungsverhalten als Gängelung. Sinkende Leistungsmotivation ist die Folge.

Über maßnahmenbezogene Anweisungen zu führen, beeinträchtigt außerdem die Flexibilität eines Unternehmens.

Diese Nachteile sollen durch das Konzept „Führen mit Zielen" (Management by Objectives/MbO) vermieden werden. Bei diesem Konzept werden Ziele und Handlungsrichtlinien, jedoch nicht mehr Maßnahmen vorgegeben. Es fällt in die Kompetenz des Mitarbeiters, die geeigneten Maßnahmen für seine Situation selbst festzulegen. Rechenschaft braucht der Mitarbeiter über die von ihm ergriffenen Aktivitäten nur abzulegen, wenn die vorgegebenen Ziele nicht erreicht worden sind oder seine Maßnahmen nicht im Einklang mit den Handlungsrichtlinien stehen.

Um zu vermeiden, daß Mitarbeiter Maßnahmen ergreifen, die dem Unternehmensgeist widersprechen (z.B. „Unsere Aufgabe ist, Kunden zufriedenzustellen!"), sind die Zielvorgaben durch Handlungsgrundsätze zu ergänzen. Die Ziele geben die Richtung, die Handlungsgrundsätze den Rahmen für die Aktivitäten der Mitarbeiter vor.

Dieses Führungskonzept kann im Sinne einer kooperativen Führung weiterentwickelt werden, wenn die Ziele von der Führung und den Mitarbeitern gemeinsam erarbeitet werden („Führen über Zielvereinbarungen").

Zielvorgaben oder -vereinbarungen sollten möglichst detailliert und quantifiziert werden. Nur so lassen sich „gezielte" Maßnahmen entwickeln und deren Erfolg fundiert kontrollieren.

Führen über Ziele bedingt, daß eindeutige Verantwortungsbereiche geschaffen werden.

Wesentliche Führungsinstrumente dieses Konzeptes sind neben der Zielplanung die dezentrale Kontrolle und die offene Kommunikation zwischen Führung und Mitarbeitern.

Dezentrale Kontrolle bedeutet, daß den einzelnen Mitarbeitern jene Zwischenergebnisse zur Verfügung gestellt werden, die sie zur Beurteilung ihrer Erfolge benötigen. Diese Ergebnisse sind von den Mitarbeitern selbständig auszuwerten. Die Führung schaltet sich von sich aus nur dann ein, wenn die Zwischenergebnisse den vorgesehenen Toleranzbereich überschreiten.

Die Unabhängigkeit, mit der die Mitarbeiter bei diesem Führungskonzept arbeiten können, wird durch ein Kommunikationssystem begleitet, das einen regelmäßigen Gedankenaustausch zwischen Führung und Mitarbeitern ermöglicht. Hauptzweck der Kommunikation ist allerdings nicht die Kontrolle, sondern die Diskussion über künftige Vorgehensweisen.

Wesentliche Aufgabe der Führung ist bei diesem Konzept die Unterstützung der Mitarbeiter.

Dazu gehört auch die Mitarbeiterbeurteilung als Grundlage für gezielte Weiterentwicklungsmaßnahmen.

3 Der Aufbau der Verkaufsorganisation

3.1 Sinn und Zweck der Verkaufsorganisation

Mit der Verkaufsorganisation wird die Kapazität bereitgestellt, die benötigt wird, um die Verkaufsaufgabe wahrzunehmen. Zu diesem Zweck sind die Struktur, die Größe und das Qualitätsniveau der Verkaufsorganisation festzulegen.

In diesem Zusammenhang ist auch zu prüfen, ob und welche Verkaufsfunktionen auf Serviceunternehmen übertragen werden sollen (z.B. auf Dienstleister für den Außendienst, Telefonverkauf, Regalpflege im Handel). Dadurch kann die eigene Verkaufsorganisation kleiner gehalten werden. Außerdem werden Spezialisierungseffekte genutzt, die die Effektivität der Kundenbearbeitung und deren Wirtschaftlichkeit verbessern können. Mit der Einschaltung von Serviceunternehmen entsteht allerdings eine Abhängigkeit von deren Leistungsfähigkeit. Deshalb ist die Qualität solcher Dienstleister mit besonderer Sorgfalt zu prüfen.

Der Aufbau der Verkaufsorganisation beginnt mit der Entscheidung über das Verkaufssystem.

Im allgemeinen empfiehlt es sich, ein bestimmtes Verkaufsverfahren als Basissystem zu wählen (z.B. Verkauf über einen Außendienst, Versandvertrieb o.a.) und danach die Verkaufsorganisation aufzubauen.

Werden weitere Verkaufsverfahren zur Unterstützung des Basissystems hinzugenommen, so erfordert dies vielfach, die Verkaufsorganisation zu erweitern. Möglicherweise ist sogar eine zweite Verkaufsorganisation aufzubauen (z.B. beim Verkauf über den Außendienst, über ein Fabriklager oder Telefonverkauf).

Werden mehrere Verkaufssysteme eingesetzt, so ist auf deren Koordination zu achten.

Zum Aufbau der Verkaufsorganisation sind auf der Grundlage der gewählten Verkaufsmethode die anfallenden Aufgaben (z.b. Kundenbesuche, Auftragsabwicklung, Verkaufsförderung) festzustellen und entsprechende Abteilungen zu bilden. Danach sind je Abteilung die zu verrichtenden Tätigkeiten zu erfassen (z.b. Anmeldung beim Kunden, Kundengespräch, Ausarbeitung von Angeboten) und einzelnen Arbeitsplätzen zuzuweisen. Unter Berücksichtigung des Arbeitsumfanges ist die Zahl der benötigten Arbeitsplätze festzulegen.

Das Ergebnis dieser Planungstätigkeit sind das Organigramm der Verkaufsabteilung und die Aufgabenbeschreibung für die einzelnen Arbeitsplätze.

3.2 Die Gliederung der Verkaufsorganisation

Durch die Gliederung einer Organisation in Abteilungen entstehen überschaubare Verantwortungsbereiche mit gleichartigen Aufgaben. Auf diese Weise werden Spezialisierungseffekte genutzt, die zu einer höheren Fachkompetenz führen.

Die Fachkompetenz der Verkaufsorganisation zeigt sich insbesondere in der Fähigkeit,

- lohnende Marktchancen frühzeitig zu erkennen,
- Märkte aktiv und planvoll zu bearbeiten und

– auf Kundenwünsche sachgerecht und schnell einzugehen.

Beim Aufbau der Verkaufsorganisation ist auch auf die Kosten zu achten. Unter diesem Aspekt ist die richtige Größe für die einzelnen Abteilungen (Zahl der Mitarbeiter) zu finden. Die Zahl der Mitarbeiter ist so festzulegen, daß das Arbeitspensum geschafft wird und die Arbeitsplätze ausgelastet sind.

Die Gliederung einer Organisation in Arbeitsplätze und Abteilungen erfordert es, die Tätigkeiten der einzelnen Mitarbeiter so zu koordinieren, daß auf ein gemeinsames Ziel hingearbeitet wird und eine integrierte Gesamtheit entsteht. Dazu gehört es auch, die Zusammenarbeit zwischen den Abteilungen sicherzustellen.

Es ist zu vermeiden, daß in den Abteilungen ein „Ressortdenken" entsteht. Die Interessen der Abteilung dürfen nicht vor jene des gesamten Unternehmens gestellt werden.

Die aktive und reibungslose Zusammenarbeit zwischen den Abteilungen wird durch eine intensive Kommunikation gefördert.

Die Verkaufsorganisation ist nach Funktionen, Absatzbereichen und Instanzen zu strukturieren, wobei ein unterschiedlicher Zentralisierungsgrad gewählt werden kann.

■ **Gliederung nach Funktionen**

Bei der Gliederung nach Funktionen werden Abteilungen gebildet, die jeweils für einen Aufgabenbereich zuständig sind. Dabei wird davon ausgegangen, daß jeder Aufgabenbereich eine besondere Fachkompetenz erfordert.

Danach können im Verkauf drei Aufgabenbereiche unterschieden werden, nämlich

- die Kundenbearbeitung,
- die Verwaltung,
- die Verkaufsförderung.

Die Kundenbearbeitung ist für die Akquisition von Aufträgen zuständig und steht in unmittelbarem Kontakt mit den Kunden.

Die Verwaltung ist für die Veranlassung und Überwachung der Auftragsabwicklung, die Erledigung von Kundenanfragen und Reklamationen und die Abwicklung allgemeiner Verwaltungsaufgaben zuständig.

Die Verkaufsförderung hat die Aufgabe, zusätzliche Aktivitäten zur Unterstützung des Verkaufs zu erarbeiten (z.B. Prospekte, Kataloge, Hausmessen).

Werden die Kunden durch Reisende oder Handelsvertreter bearbeitet, besteht die Verkaufsorganisation aus zwei Bereichen, nämlich dem Außendienst und dem Innendienst. Letzterer entspricht der Verkaufsverwaltung.

Die Aufgabenteilung zwischen Außen- und Innendienst kann unterschiedlich geregelt werden:

1. *Prinzip der strikten Aufgabentrennung:* Der Außendienst ist ausschließlich für die Kundenbearbeitung, der Innendienst nur für die Verwaltungsaufgaben zuständig.

2. *Prinzip der ganzheitlichen Kundenbetreuung:* Der Außendienst veranlaßt und überwacht die Abwicklung der von ihm erzielten Aufträge. Bei diesem System bleibt „alles in einer Hand". Dieses System erweitert zwar den Aufgabenbereich des Außendienstes, macht jedoch Informationen und Rückfragen zwischen Außen- und Innendienst zur Auftragsabwicklung

überflüssig. Dies kann sich besonders vorteilhaft bei der Erledigung von komplizierten Aufträgen auswirken.

3. *Prinzip der Kooperation:* Zur Unterstützung und Entlastung des kostenintensiven Außendienstes, zur Förderung des Teamgedankens sowie aus Gründen der besseren Kundennähe des Innendienstes wird die traditionelle Trennung zwischen Kundenbearbeitung und Auftragsabwicklung aufgehoben und der Innendienst verstärkt in den Akquisitionsprozeß einbezogen.

Der aktuelle Trend bevorzugt aus den angeführten Gründen das kooperative Organisationsprinzip.

Zur Entlastung und Unterstützung des Außendienstes kann der Innendienst die folgenden Aufgaben übernehmen:

– Terminvereinbarungen mit den Kunden,

– Nachfassen nach Erstbesuchen bei Neukunden,

– Nachfassen bei Angeboten,

– Information der Kunden – getrennt nach Zielgruppen – über Zusatzangebote („Direktwerbung"),

– Bearbeitung von Kleinkunden durch Telefonverkauf,

– Ermittlung von Kundendaten, wie Bedarf, Ansprechpartner u.a.m., besonders von potentiellen Neukunden,

– Aktivierung von Altkunden,

– Ermittlung von Marktreserven durch Auswertung der Kundendatei.

Das Kooperationsprinzip kann nur funktionieren, wenn Außen- und Innendienst wirkungsvoll und reibungslos zusammenarbeiten. Dazu ist es wichtig, daß das Kooperationsprinzip von beiden Seiten – insbesondere vom Außendienst – akzeptiert wird und die Aktivitäten der einzelnen Mitarbeiter innerhalb eines Teams koordiniert werden.

Die Zusammenarbeit in einer Abteilung wird häufig durch Konflikte zwischen den Mitarbeitern gestört. Abgesehen von den Fällen der persönlichen Antipathie entstehen Konflikte zwischen Mitarbeitern vielfach durch

- Informationsdefizite,

- den unterschiedlichen Status der Mitarbeiter und

- eine unterschiedliche Vergütung.

Um diese potentiellen Konfliktursachen zu beseitigen, ist für eine enge Kommunikation zwischen Außen- und Innendienst zu sorgen.

Weiterhin sind die Vergütungssysteme zwischen den beiden Bereichen anzugleichen. Enthält der Außendienst eine Leistungs- oder Ergebnisentlohnung (was sich grundsätzlich empfiehlt), so ist für den Innendienst auch ein entsprechendes Vergütungssystem einzuführen.

Die folgenden Maßnahmen sind geeignet, die Zusammenarbeit zwischen Außen- und Innendienst zu fördern:

- Bildung von kundenorientierten Teams (z.B. regionale Gliederung auch im Innendienst),

- gemeinsame Besprechungen,

- Job-rotation zwischen Außen- und Innendienst,

- Urlaubsvertretung,

- Erfolgsbeteiligung für den Innendienst.

■ **Gliederung nach Absatzbereichen**

Vor allem wenn die Kunden von einem Außendienst aufgesucht werden, ist es im allgemeinen zweckmäßig, das Absatzgebiet in Verkaufsbezirke aufzuteilen und die Bezirke bestimmten AD-Mitarbeitern zuzuordnen. Diese regionale Gliederung des Verkaufs ermöglicht in Verbindung mit der Tourenplanung kurze Reisewege und -zeiten.

Bei größeren Verkaufsabteilungen empfiehlt es sich, den Innendienst entsprechend zu gliedern. Auf diese Weise haben die AD-Mitarbeiter wie auch die Kunden gleichbleibende Ansprechpartner, was die Kundenbetreuung verbessert und die Zusammenarbeit im Verkauf erleichtert.

Die regionale Gliederung des Verkaufs bietet sich besonders im Exportgeschäft an.

Expansiv geführte Unternehmen haben häufig ein Verkaufsprogramm und einen Kundenkreis, die sehr umfangreich und verschiedenartig sind. Daraus ergeben sich unterschiedliche Anforderungen an die Fachkompetenz des Verkaufs. Besonders wenn die Verkaufstätigkeit mit einer intensiven Kundenberatung verbunden ist, kann der Verkäufer überfordert sein, wenn er für das gesamte Verkaufsprogramm zuständig ist. Diese Gefahr besteht auch bei einem heterogenen Kundenkreis (z.B. Endverbaucher, Handwerk, Industrie, Handel). In einer solchen Situation ist zu überlegen, ob der Verkauf nach Produkt- oder Kundengruppen unterteilt werden sollte. Die produkt- oder kundenorientierte Strukturierung des Verkaufs verbessert die Kundenbetreuung. Sie erfordert allerdings einen größeren Vertriebsapparat und verursacht damit höhere Vertriebskosten.

Ein Zwischenweg, der sich besonders für mittelständische Unternehmen anbietet, besteht darin, daß der Verkauf für die grundlegende Kundenbearbeitung regional gegliedert wird und für die eingehende Fachberatung überregional arbeitende Spezialkräfte eingesetzt werden. Denkbar ist auch, daß sich einzelne Verkäufer neben der allgemeinen Betreuung ihres Bezirks für die Beratung in speziellen Geschäftsbereichen qualifizieren und hierfür überregional tätig werden.

Eine Sonderform der kundenorientierten Gliederung ist der Großkundenbetreuer („Key Account Manager"), der gezielt für die Bearbeitung von Großkunden eingesetzt wird.

■ **Gliederung nach Instanzen**

Zu einer funktionierenden Organisation gehört es, daß nicht nur die zu erledigenden Tätigkeiten, sondern auch die Entscheidungskompetenzen eindeutig zugeordnet werden. Außerdem sind die Informationswege festzulegen (wer informiert wen?). Auf diese Weise entsteht eine bestimmte Organisationshierarchie, die die Unterstellungsverhältnisse regelt.

Wenn die Verkaufsorganisation eine bestimmte Größe überschritten hat, ist ein Verkaufsleiter nicht mehr in der Lage, seine Verkäufer allein zu führen.

Zur Unterstützung des Verkaufsleiters kann ein Assistent oder im nächsten Schritt je ein Leiter für den Außen- und den Innendienst eingestellt werden. Dabei muß der Verkaufsleiter bestrebt sein, in engem Kontakt mit den AD-Mitarbeitern zu bleiben.

Mit der Einstellung je eines Leiters für den Außen- und den Innendienst wird in die Organisationshierarchie eine zusätzliche Führungsebene, eine „Zwischeninstanz", eingeschoben. Von welcher Abteilungsgröße an ein solcher Schritt zweckmäßig ist, hängt von der aktuellen „Führungsspanne" des jeweiligen Verkaufsleiters ab. Damit ist die Zahl der Mitarbeiter gemeint, die eine Führungskraft systematisch betreuen kann. In der Praxis wird als Faustregel davon ausgegangen, daß ein Verkaufsleiter sieben AD-Mitarbeiter angemessen betreuen kann. Die Führungsspanne hängt wesentlich davon ab, in welchem Umfang eine Führungskraft Aufgaben delegiert.

Grundsätzlich nimmt die Zahl der Instanzen mit der Größe der Verkaufsorganisation zu. In einem Großunternehmen könnte die Außenorganisation wie folgt aufgebaut sein:

- Juniorreisender,

- Bezirksreisender,

- Bezirksleiter,

- Gebietsleiter,

- nationaler Verkaufsleiter,

- Verkaufsdirektor.

Eine Vielzahl von Zwischenstufen kann als „Karriereleiter" zur Motivation von Mitarbeitern eingesetzt werden.

Mit zunehmender Zahl von Zwischeninstanzen vergrößert sich die Gefahr, daß die oberen Führungsebenen sich zu sehr auf „Planung und Steuerung am grünen Tisch" zurückziehen und den Kontakt zur Ausführungsebene verlieren. Um dies zu vermeiden, darf auf die direkte Kommunikation der Führungsspitze mit den Sachbearbeitern nicht verzichtet werden („Management by wandering around").

Allein aufgrund dieser Überlegungen ist die Zahl der Instanzen möglichst klein zu halten. Die flache Organisationshierarchie bietet die folgenden Vorteile:

- größere Marktnähe der Führungsspitze,

- kürzere Entscheidungs- und Informationswege,

- engerer Kontakt zwischen Führungsspitze und Mitarbeitern,

- geringere Verwaltungskosten.

Der Trend geht gegenwärtig zum „lean management" (schlanke Führungsorganisation). Es werden flache Hierarchien angestrebt. Dies wird durch Dezentralisierung des Managements erreicht: Auf der unteren Organisationsebene (Ebene der Sachbearbeiter) werden teilautonome Arbeitsgruppen geschaffen, die sich weitgehend selbst steuern. Auf diese Weise kann die mittlere Führungsebene gestrafft, wenn nicht sogar abgebaut werden.

Zentrale Führung zieht schnell eine größere „Bürokratie" mit entsprechend hohen Verwaltungskosten nach sich.

■ **Zentrale oder dezentrale Gliederung**

Die Verkaufsorganisation kann zentral oder dezentral aufgebaut sein. Dabei ist zwischen regionaler und administrativer Dezentralisierung zu unterscheiden. Bei der administrativen Dezentralisierung werden auf die regionalen Organisationseinheiten auch Entscheidungskompetenzen übertragen.

Beim zentralen Vertrieb wird der gesamte Markt von einem Standort aus bearbeitet.

Beim dezentralen Vertrieb werden die Verkaufsaufgabe und möglicherweise auch die damit verbundenen Funktionen (Lagerhaltung und Kundendienst) mehreren regional verteilten Organisationseinheiten zugeordnet, deren Tätigkeiten je nach dem administrativen Dezentralisierungsgrad von der Zentrale unterschiedlich straff gesteuert werden.

Eine dezentrale Verkaufsorganisation kann darin bestehen, daß ein Unternehmen, regional verteilt, folgende Einheiten unterhält:

- Verkaufsbüros (ohne Lagerhaltung),
- Verkaufsniederlassungen (mit Lagerhaltung) oder
- Vertriebsgesellschaften (mit weitgehender Eigenständigkeit).

Der zentrale Vertrieb ermöglicht eine straffe und einheitliche Führung. Es werden Doppelarbeiten vermieden. Allerdings besteht die Gefahr der Marktferne und der Bürokratisierung.

Der dezentrale Vertrieb verfügt über eine größere Marktnähe, größere Flexibilität (kurze Entscheidungswege) und wirkt auf die Mitarbeiter stärker motivierend. Voraussetzung ist allerdings, daß die regionalen Einheiten über die notwendigen Handlungsfreiheiten verfügen. Als Nachteile sind die Gefahr der Zersplitterung und das Problem der Auslastung zu nennen.

3.3 Die Größe der Verkaufsorganisation (Zahl der Mitarbeiter)

Mit der Zahl der Mitarbeiter im Verkauf wird die Größe der Vertriebskapazität festgelegt. Von dieser hängen die Intensität der Marktbearbeitung und die Höhe der Vertriebskosten ab. Je größer die Verkaufsorganisation ist, desto intensiver kann der Markt bearbeitet werden, desto höher sind jedoch auch die Vertriebskosten.

Um die richtige Größe für die Verkaufsorganisation zu finden, sind die folgenden Planungskriterien heranzuziehen:

- Ausschöpfung des Marktpotentials im Rahmen der unternehmenspolitischen Zielsetzung,
- Auslastung der Mitarbeiter im Verkauf
- Erzielung eines angemessenen Deckungsbeitrages.

Die optimale Größe der Verkaufsorganisation ist nach folgenden Gesichtspunkten zu ermitteln:

- Nach dem Arbeitslastverfahren,
- nach der Rechnung %Vertriebskosten/Umsatz,
- nach der Deckungsbeitragsrechnung je Mitarbeiter.

■ Arbeitslastverfahren

Ausgangspunkt ist das Arbeitslastverfahren. Hierbei wird die Zahl der benötigten Mitarbeiter aus dem Arbeitsanfall der Abteilung und der Arbeitskapazität je Mitarbeiter ermittelt.

Der Arbeitsanfall im Innendienst hängt wesentlich von der Zahl der zu bearbeitenden Aufträge und der damit zusammenhängenden Tätigkeiten ab.

Für den Außendienst stellt sich das Arbeitslastverfahren in der folgenden Rechenformel dar:

$$\frac{\text{Kundenzahl} \times \text{Zahl der Besuche/Kunde im Jahr}}{\text{Reisetage/ADM im Jahr} \times \text{Zahl der Besuche/ADM/Tag}} = \text{Zahl ADM}$$

ADM   Außendienst-Mitarbeiter

Dieses Verfahren besteht aus den folgenden Planungsschritten:

1. Zunächst wird die Zahl der zu bearbeitenden Kunden festgestellt.

2. Die Kunden werden nach ihrer Wertigkeit (Jahresumsatz, Erfolgspotential) unterschiedlichen Größenklassen zugeordnet.

3. Für jede Größenklasse wird die gewünschte Besuchshäufigkeit (Zahl der Besuche eines Kunden im Jahr) festgelegt. Dabei wird die Intensität der Kundenbearbeitung entsprechend der Wertigkeit der Kunden differenziert.

4. Die Zahl der Kunden je Größenklasse wird mit der geplanten Besuchshäufigkeit multipliziert. Daraus ergibt sich die Zahl der erforderlichen Besuche je Größenklasse. Die Addition der Zahl der Besuche je Größenklasse ergibt die Gesamtzahl der erforderlichen Besuche.

5. Sodann wird die Zahl der Reisetage im Jahr und der Kundenbesuche je Tag ermittelt, die von einem AD-Mitarbeiter durchschnittlich wahrgenommen werden können oder sollen.

6. Durch Multiplikation der Reisetage im Jahr und der Kundenbesuche je Tag läßt sich die Gesamtzahl der Kundenbesuche errechnen, die von einem Reisenden im Jahr getätigt werden können.

7. Abschließend ist die Gesamtzahl der erforderlichen Besuche durch die Gesamtzahl der Kundenbesuche, die von einem Reisenden bewältigt werden können, zu dividieren. Das Ergebnis ist die Zahl der benötigten AD-Mitarbeiter.

Bei diesem Rechenvorgang ist eine Zeitreserve für die Gewinnung von Neukunden einzuplanen.

■ **Rechnung Prozent Vertriebskosten/Umsatz**

Die %Vertriebskosten/Umsatz-Rechnung läßt erkennen, ob die Vertriebskostenbelastung kalkulatorisch akzeptabel ist. Ist dies nicht der Fall und können die Verkaufspreise nicht angehoben werden, ist zu prüfen, ob die Vertriebskostenbelastung durch eine Verringerung der Zahl der Mitarbeiter gesenkt werden kann (vgl. dazu das o.a. Produktivitätsverfahren). In diesem Zusammenhang ist es aufschlußreich, wenn die Kennziffer „%Vertriebskosten/Umsatz" mit entsprechenden Branchendaten verglichen werden kann.

■ **Deckungsbeitragsrechnung je Mitarbeiter**

Die Deckungsbeitragsrechnung je Mitarbeiter zeigt auf, welchen Erfolgsbeitrag der einzelne Mitarbeiter erwirtschaftet. Bringt ein AD-Mitarbeiter einen negativen Deckungsbeitrag, so ist zu untersuchen, ob das Ergebnis verbessert werden kann oder dieser Mitarbeiter abgebaut und die Verkaufsorganisation entsprechend verkleinert werden sollte. Die Deckungsbeitragsrechnung gibt allerdings keinen Aufschluß über die potentiellen Erfolgsbeiträge. Dazu sind entsprechende Absatzpotentialanalysen erforderlich.

Die Formel des Arbeitslastverfahrens kann auch für Wirtschaftlichkeitsanalysen im Außendienst herangezogen werden. Die vier Faktoren der Rechenformel zeigen die wesentlichen Ansatzpunkte für Produktivitätssteigerungs- oder Kostensenkungsprogramme im Außendienst auf.

Welche Maßnahmen hierbei ergriffen werden können, läßt sich aus der Übersicht auf S. 44 entnehmen.

Maßnahmen zur Verbesserung der Wirtschaftlichkeit im Außendienst

1. *Senkung der Zahl der zu besuchenden Kunden*
   - Verlustkunden streichen
   - Erfolgsschwache Kunden durch den Innendienst bearbeiten lassen (Telefonverkauf!)

2. *Senkung der Besuchshäufigkeit*
   - Besuchshäufigkeit insgesamt verringern
   - Besuchshäufigkeit nach Wertigkeit der Kunden differenzieren

3. *Erhöhung der Reisetage je ADM im Jahr*
   - Planungsgrundlage: Tätigkeitsanalyse
   - Außendienst von Verwaltungsarbeiten entlasten
   - Zahl der Konferenz- und Seminartage verringern (Vorsicht!)

4. *Erhöhung der Kundenbesuche je ADM und Tag*
   - Planungsgrundlage: Zeitanalyse,
   - Tourenplanung verbessern (Zeitminimierung ist wichtiger als Streckenminimierung!)
   - beim Kunden anmelden, um Fehlbesuche zu vermeiden

3.4 Die Bildung von Verkaufsbezirken

Mit der Bildung von Verkaufsbezirken wird das Absatzgebiet des Unternehmens regional unterteilt und im allgemeinen bestimmten Verkäufern zugeordnet.

Die Aufteilung des Absatzgebietes in Verkaufsbezirke, mit der im allgemeinen auch die Zahl der AD-Mitarbeiter festgelegt wird, ist eine der wichtigsten Entscheidungen des Verkaufsmanagements. Mit dieser Entscheidung ist das Ausmaß

– der Ausschöpfung des Marktes und

– der Auslastung der Verkäufer

vorprogrammiert. Sind die Bezirke zu groß, ist es den Verkäufern nicht möglich, die Marktchancen umfassend zu nutzen. Sind die Bezirke zu klein, sind die Verkäufer nicht ausgelastet.

Der regionale Einsatz von AD-Mitarbeitern ermöglicht es, in Verbindung mit der Tourenplanung die Reisezeiten, -wege und -kosten zu minimieren.

Wird im Zusammenhang mit der Bildung von Verkaufsbezirken der Außendienst regional gegliedert, ist der Innendienst möglichst ebenso zu strukturieren.

Weiterhin ist es vorteilhaft, die Verkaufsbezirke mit den Auslieferungstouren abzustimmen.

Bei der Aufteilung des Absatzgebietes in Verkaufsbezirke sind deren Größe, Grenzen und Lage festzulegen.

■ **Größe**

Mit der Bezirksgröße wird das Absatzpotential festgeschrieben, das dem zuständigen Verkäufer zur Verfügung steht. Grundsätzlich ist eine Bezirksgröße anzustreben, die die bestmögliche Ausschöpfung des Marktes ermöglicht und die Auslastung des zuständigen AD-Mitarbeiters sicherstellt. Die Kunden müssen mit ausreichender Intensität bearbeitet werden können. Dabei muß auch genügend Freiraum für die Gewinnung von Neukunden vorhanden sein.

Verkaufsbezirke mit hohem Absatzpotential dürfen nicht zu groß werden. Jeder Verkaufsbezirk sollte eine Größe ausweisen, die es ermöglicht, einen positiven Deckungsbeitrag zu erwirtschaften. Ist dies nicht der Fall, sind die Bezirke, die erfolgsschwach oder sogar verlustbringend sind, auf die anderen aufzuteilen.

■ **Grenzen**

Die regionale Verkaufsplanung und -kontrolle wird erleichtert, wenn der Grenzverlauf der Bezirke sich an den Verwaltungsgrenzen orientiert. Über das Absatzpotential der einzelnen Verwaltungsbezirke liegen häufig sekundärstatistische Daten vor, die von Marktforschungsinstituten oder auch Fachverbänden erhoben worden sind (z.B. die Absatzkennziffern der Gesellschaft für Konsumforschung oder Nielsen-Zahlen). Mit Hilfe dieser Kennziffern lassen sich die in den einzelnen Bezirken erreichten Ergebnisse vergleichen.

Quadratisch oder kreisförmig angelegte Bezirke fördern die Streckenminimierung. In diesem Zusammenhang ist auch der Verlauf der Verkehrswege zu beachten.

Die Berücksichtigung landsmannschaftlicher Grenzen ist für die Bildung von Bezirken mit homogenen Kunden vorteilhaft. Die Verständigung zwischen Kunde und Verkäufer sowie der Aufbau persönlicher Beziehungen werden erleichtert, wenn der AD-Mitarbeiter aus der Region seiner Kunden kommt.

Die Abstimmung mit Handelszentralen als Kunden wird leichter, wenn die Grenzziehung ihrem Filialnetz angepaßt ist.

■ Lage

Ein Bezirk kann wirksamer und wirtschaftlicher bearbeitet werden, wenn der Marktpotenzschwerpunkt, also der Standort der bedeutenden Kunden, in der Mitte liegt und sich dort auch der Wohnsitz des AD-Mitarbeiters (kürzere Reisewege, Übernachtungen entfallen!) oder der Standort der Verkaufsniederlassung, des Auslieferungslagers usw. befindet.

Bei der Planung der Verkaufsbezirke empfiehlt es sich, mit der Tourenplanung zu beginnen. Die Bezirksgliederung folgt also möglichst der Tourenplanung und nicht umgekehrt (Bausteinverfahren).

Eine nützliche Planungshilfe sind Landkarten, auf denen der Standort der Kunden durch farbige Kopfnadeln markiert wird. Die Farben geben die unterschiedliche Besuchswertigkeit der Kunden an.

Die Bezirksplanung ist ein dynamischer Prozeß: Die Bezirke sollen an strukturelle Marktveränderungen angepaßt werden. Ebenso sind Änderungen vorzunehmen, wenn ein Pionierbezirk zu einem Stammbezirk geworden ist.

3.5 Die Suche und die Auswahl von Außendienst-Mitarbeitern

Der Verkaufserfolg hängt entscheidend von der Eignung des Verkaufspersonals ab. Unfähige Verkäufer können die Beziehungen zu den Kunden nachhaltig stören und damit dem Unternehmen großen Schaden zufügen.

Hinzu kommt, daß mit der Einstellung eines Mitarbeiters beträchtliche Investitionen verbunden sind (Kosten für die Suche und Auswahl, Einarbeitung und evtl. Entlassung eines Mitarbeiters).

Die Suche und die Auswahl von AD-Mitarbeitern erfordern deshalb große Anstrengungen und Sorgfalt, und dies um so mehr, als es zunehmend schwieriger wird, qualifizierte Verkäufer zu finden.

■ Suche nach Mitarbeitern

Bei der Suche nach AD-Mitarbeitern kommt es darauf an, möglichst viele geeignete Personen ausfindig zu machen. Dazu können die folgenden Wege beschritten werden:

- eigener Innendienst,
- Anzeigen,
- Empfehlungen durch eigene Mitarbeiter,
- frühere, unberücksichtigte Bewerber (Merkdatei),
- Verkäufer von Wettbewerbern oder anderen Unternehmen,
- Arbeitsamt,
- Personalberater.

Wegen der besonderen Engpaßsituation empfiehlt es sich, die Suche nach neuen Verkäufern nicht erst im akuten Bedarfsfall zu beginnen, sondern ständig nach geeigneten Mitarbeitern Umschau zu halten. Dazu ist es nützlich, sich eine Merkliste mit in Frage kommenden Personen anzulegen.

Eine große Chance, qualifizierte AD-Mitarbeiter zu gewinnen, liegt darin, Mitarbeiter im Innendienst, die Verkaufstalent erkennen lassen, zu Verkäufern auszubilden.

Vielfach werden AD-Mitarbeiter über Anzeigen gesucht. Um diese Möglichkeit möglichst sinnvoll zu nutzen, sind verschiedene Fragen zu prüfen, wie in der Übersicht auf S. 50 aufgeführt.

■ Auswahl der Mitarbeiter

Bei der Bewertung von Bewerbern besteht die Neigung, vorrangig unter dem Aspekt der persönlichen Sympathie vorzugehen. Auf diese Weise entsteht ein ausgesprochen gefühlsbetontes Urteil. Dies sollte möglichst vermieden werden.

Durch geeignete organisatorische Maßnahmen ist sicherzustellen, daß bei der Auswahl von Mitarbeitern unter den Bewerbern eine möglichst objektive Entscheidung getroffen wird.

Allerdings können und sollen auch emotionale Einflüsse nicht ganz ausgeschlossen werden. Welchem Verkaufsleiter ist zuzumuten, daß er mit einem Verkäufer zusammenarbeitet, der ihn nicht begeistern konnte?

Um die Personalauswahl zu objektivieren, sind die folgenden Gesichtspunkte zu beachten:

- Die Auswahl wird zumindest von zwei Personen (z.B. vom Verkaufs- und vom Personalleiter) getroffen.

Die Suche von Mitarbeitern über eine Anzeige
1. Ist die Anzeige überhaupt notwendig?
2. Ist die Suche nach dem neuen Mitarbeiter über eine Anzeige sinnvoll?
3. Besteht firmenintern Klarheit darüber, welche Aufgaben der Gesuchte ausüben soll?
4. Existiert ein Anforderungsprofil, aus dem klar ersichtlich ist, was von dem gesuchten Mitarbeiter verlangt wird?
5. Entspricht der vorgelegte Text der Stellenbeschreibung und dem Anforderungsprofil?
6. Welche Anreize hat das Unternehmen für mögliche Bewerber zu bieten?
7. Welche Anreize sind mit der ausgeschriebenen Stelle selbst verbunden, und sind diese Anreize deutlich, aber ohne Übertreibung dargestellt?
8. Erreicht das Blatt, in dem die Anzeige erscheinen soll, die möglichen Bewerber?
9. Ist der Zeitpunkt, zu dem die Anzeige erscheinen soll, günstig?
10. Sprechen Text und Gestaltung der Anzeige die Bewerber wirksam an?

- Die für die Auswahl zuständigen Führungskräfte müssen über die notwendige Fachkompetenz für die Personalbeurteilung verfügen.

- Grundlage der Personalbeurteilung sind das vorgegebene Anforderungsprofil des Aufgabengebietes und das festgestellte Eignungsprofil der Bewerber.

- Die Bewertung der Bewerber sollte sich zumindest bei den entscheidenden Kriterien möglichst auf mehrere Informationen stützen.

- Die Eignung der Bewerber sollte nicht nur über Interviews, sondern möglichst auch über Verhaltensbeobachtung geprüft werden (vgl. dazu die Gruppenarbeiten im Assessment-Center).

- Der Ablauf der Personalauswahl ist zu strukturieren (vgl. dazu den Leitfaden für das Vorstellungsgespräch).

Die Personalauswahl darf einen vertretbaren Aufwand nicht überschreiten. Die Angemessenheit dieses Betrages ist in Zusammenhang mit den Mehrkosten zu beurteilen, die bei einer Fehlentscheidung entstehen würden.

Zur Beurteilung der Bewerber können die folgenden Unterlagen oder Verfahren herangezogen werden:

- Bewerbungsunterlagen,

- Referenzen,

- graphologische Gutachten,

- Vorstellungsgespräch,

- Assessment-Center.

Bei der Personalauswahl ist möglichst systematisch vorzugehen. So empfiehlt es sich z.B., für die Durchführung von Vorstellungsgesprächen Checklisten zu verwenden (vgl. dazu den aufgeführten Leitfaden auf den Seiten 52/53).

Leitfaden für das Vorstellungsgespräch
Erster Eindruck vom Bewerber – Erscheinungsbild – Begrüßungsform – Beginn des Gesprächs Vergangenheit – Schulzeit, Schulbildung – Berufliche Ausbildung – Spezialausbildung – Militärzeit – Beschäftigungsverhältnisse – Warum jeweils gewechselt? Erwartungen – Warum hier beworben? – Gleichzeitig woanders beworben? – Welche Gehaltsvorstellung usw.? – Letztes Einkommen? – Zukunftserwartungen und Lebensziel?

Persönliches

- Familie, Ehefrau, Kinder, Wagen, Eigentum
- Gesundheit (Attest, Krankheiten, Kuren)
- Freizeitbeschäftigung
- Mitgliedschaft in Vereinen
- Bildungsstreben (Lehrgänge usw.)
- Schulden vorhanden? (Lohnpfändungen, Offenbarungseid)
- Vorstrafen

Unsere Firma

- Firmenbild vermitteln
- Zukünftigen Aufgabenkreis schildern (Reaktion des Bewerbers beobachten!)
- Über betriebliche Probleme diskutieren
- Gehalt und sonstige Bedingungen nennen

Erscheinung des Bewerbers

- Kleidung (Qualität, Farbzusammenstellung, Pflege)
- Auftreten: sicher – unsicher?
- Initiative: aktiv – passiv?
- Umgangsformen: höflich – unhöflich?
- Gesamterscheinung

Fachlicher Eindruck

- Fachwissen
- Verkäuferische Fähigkeiten
- Marktkontakte

■ **Das Assessment-Center(AC)**

Das AC ist ein sehr gründliches, allerdings auch aufwendiges Verfahren der Personalbeurteilung.

Dieses Verfahren besteht aus dem üblichen Vorstellungsgespräch und einer Kombination von Übungen, Fall- und Planspielen in Einzel- und Gruppenarbeit mit Präsentation der Ergebnisse durch die Bewerber.

Das AC hat die folgenden Vorteile:

– mehrere Diagnoseverfahren,

– Verhaltensbeobachtung statt nur Gespräch

– (Fähigkeiten werden durch Verhalten erkennbar),

– durch Gruppenarbeiten lassen sich Teamfähigkeit und Durchsetzungsvermögen überprüfen,

– Auswertung durch mehrere Experten.

Der Nachteil dieses Verfahrens liegt im hohen Aufwand.

3.6 Das Eignungsprofil des Verkäufers

Das Verkaufen ist eine Tätigkeit, die spezielle Anforderungen an die Eignung der Mitarbeiter stellt. Diese sollten bei der Suche und Auswahl von geeigneten Bewerbern sowie auch bei der Verkäuferschulung die Grundlage bilden. Nicht jeder ist für diesen Beruf geeignet oder kann zum erfolgreichen Verkäufer ausgebildet werden.

Allerdings kann die Verkaufstätigkeit im Einzelfall unterschiedliche Schwerpunkte haben und sich auf einem unterschiedlichen Anspruchsniveau vollziehen. Entsprechend gibt es auch bei den Verkäufern unterschiedliche Begabungsschwerpunkte.

Unterschiedliche Schwerpunkte in der Aufgabenstellung und in den Fähigkeiten der Verkäufer sind zum Beispiel:

- „der Zieher" mit der besonderen Fähigkeit, neue Kunden zu gewinnen,

- „der Halter" mit der besonderen Fähigkeit, vorhandene Kunden zu binden,

- „der Berater" mit der besonderen Fähigkeit, Kundenprobleme zu lösen.

Abgesehen von diesen Besonderheiten gibt es einen Katalog von Grundfähigkeiten, über die jeder Verkäufer verfügen sollte.

Etwas überholt ist die Auffassung, daß die Grundfähigkeiten eines Verkäufers vor allem in der Redegewandtheit und der robusten Konstitution („flottes Mundwerk und stramme Beine") bestünden. Diese Auffassung führte dazu, die Rhetorik als Basis der Verkäuferschulung anzusehen.

Eine solche Einstellung ist nicht mehr zeitgemäß, weil sie die Akzente falsch setzt. Erfolgreiches Verkaufen besteht heute nicht in erster Linie darin, eindrucksvoll, sondern wirkungsvoll zu verhandeln. Redegewandtheit, gefördert durch Rhetorikkurse, verführt dazu, Monologe zu halten, wenn sie nicht durch Einfühlungsvermögen diszipliniert wird. Erfolgreiches Verkaufen verlangt heute nicht die Kunst des Monologes, sondern des Dialoges.

Nach heutiger Auffassung stehen die folgenden beiden Grundfähigkeiten im Vordergrund des Anforderungsprofils für erfolgreiche Verkäufer:

1. Ausgeprägtes Erfolgsstreben (ego-drive).

2. Großes Einfühlungsvermögen (empathy).

Beide Eigenschaften ergänzen sich. Erfolgsstreben ohne Einfühlungsvermögen führt zum Hochdruckverkauf („High pressure selling"), Einfühlungsvermögen ohne Erfolgsstreben zur grenzenlosen Nachgiebigkeit gegenüber den Wünschen der Kunden.

Zum erfolgreichen Verkäufer gehört auch die richtige Einstellung zu seinem Beruf. Er muß Freude an der Begegnung mit anderen Menschen und Interesse an der Lösung ihrer Probleme haben. Seine Lebensphilosophie heißt: „Erfolgreich sein, indem man anderen hilft, erfolgreich zu sein." Das Eignungsprofil des Verkäufers ist in der nachfolgenden Übersicht zusammengefaßt.

Das Eignungsprofil des erfolgreichen Verkäufers

- Fachliche Kompetenz
- Erfolgsstreben
- soziale Intelligenz
- Einstellungs- und Einfühlungsvermögen
- Ausdrucks- und Überzeugungsfähigkeit
- Persönliche Ausstrahlung
- Arbeitssystematik
- Körperliche und seelische Robustheit

3.7 Die Aufgabenbeschreibung für Verkäufer

Damit die Verkäufer im Sinne der Verkaufsleitung tätig werden, sind sie über ihre Aufgaben umfassend zu informieren. Dazu ist eine schriftliche Unterlage über die Aufgaben des Mitarbeiters auszuarbeiten, die bereits beim Vorstellungsgespräch vorgelegt und danach bei Einstellung ausgehändigt wird.

Der folgende Text am Beispiel des Reisenden zeigt, wie die Aufgaben für einen Verkäufer beschrieben werden können.

Die Aufgaben des Reisenden im modernen Vertrieb (Auszug)

- Er plant seine Besuche und bereitet sie sorgfältig entsprechend den spezifischen Gegebenheiten der einzelnen Kunden vor.

- Er besucht die Kunden gemäß Tourenplan zur Beratung und zum Verkauf (Analyse der Kundenprobleme mit dem Ziel, aus dem Verkaufsprogramm des eigenen Unternehmens ein Angebot als maßgeschneiderte Problemlösung zu erarbeiten). In besonderen Fällen besucht er die Kunden außerhalb des Tourenplans.

- Er arbeitet Angebote aus oder veranlaßt deren Ausarbeitung durch die Zentrale, unterbreitet die Angebote und verhandelt darüber.

- Er hält sich über den Stand der Verkaufstechnik ständig informiert, bildet sich fachlich weiter und gewährleistet somit einen jeweils marktgerechten Standard der Verhandlungsführung.

- Er ....

4 Der Einsatz der Verkaufsorganisation

4.1 Die Aufgaben und Instrumente

4.1.1 Aufgabenstellung der Verkaufsorganisation

Nachdem die Verkaufsorganisation aufgebaut worden ist, hat das Verkaufsmanagement dafür Sorge zu tragen, daß die Mitarbeiter im Verkauf „mit System" eingesetzt werden.

Durch den systematischen Einsatz der Verkaufsorganisation ist sicherzustellen, daß die Geschäftsfelder des Unternehmens gezielt, wirkungsvoll und wirtschaftlich bearbeitet werden.

■ **Gezielte Marktbearbeitung**

Grundlage für eine zweckmäßige Marktbearbeitung ist, daß der Verkaufsorganisation vom Verkaufsmanagement konkrete Aufgaben möglichst als (quantifizierte) Ziele vorgegeben werden. Ohne Vorgaben macht jeder Mitarbeiter, was er für richtig hält.

Die Vorgabe von Aufgaben bewirkt eine Konzentration der Kräfte und eine Steigerung der Arbeitsmotivation. Beides erhöht die Schlagkraft der Verkaufsorganisation.

Im Rahmen einer gezielten Marktbearbeitung besteht die Aufgabe der Verkaufsorganisation zunächst darin, den Kontakt zu allen potentiellen Kunden des Unternehmens herzustellen und alle für den jeweiligen Kunden in Frage kommenden Artikel aus dem Verkaufsprogramm des Unternehmens anzubieten. Viele Verkäufer neigen dazu, jene Kunden und Artikel zu vernachlässigen, die einen besonderen Einsatz erfordern oder zu denen sie keine persönlichen Beziehungen haben. Auf diese Weise entstehen im Geschäftsbereich des Unternehmens „weiße Flecken". Weiterhin muß vermieden werden, daß der Verkauf solche Kunden aufsucht, die nicht zur Zielgruppe des Unternehmens gehören und an denen das Unternehmen somit nicht interessiert ist.

Zu einer gezielten Marktbearbeitung gehört es auch, lang- und mittelfristige Schwerpunkte zu setzen. Dadurch wird die vorhandene Vertriebskapazität besser genutzt. Je kleiner die Vertriebskapazität eines Unternehmens im Vergleich zu dem Absatzpotential ist, desto notwendiger ist es, Prioritäten für den Verkauf festzulegen.

Schwerpunkte sind auf die Verfolgung solcher Geschäfte zu legen, die sich besonders lohnen oder einen besonders starken Einsatz erfordern.

Langfristig sind deshalb solche Kunden und Produkte zu bevorzugen, die einen hohen Deckungsbeitrag bringen.

Mittelfristig kann der Schwerpunkt auf der Bearbeitung von Märkten liegen, die neu oder stärker erschlossen werden sollen.

Wenn Schwerpunkte für bestimmte Kunden und Produkte vorgegeben werden, entsteht allerdings auch die Gefahr, daß das übrige Geschäft vernachlässigt wird.

■ **Wirkungsvolle Marktbearbeitung**

Eine wirkungsvolle Marktbearbeitung liegt erst dann vor, wenn die Kundenkontakte zu lohnenden Aufträgen führen. Das erfordert aktives und qualifiziertes Verkaufen.

Zu diesem Zweck ist durch das Verkaufsmanagement sicherzustellen, daß der Verkauf seine Aktivitäten nach der „4K-Regel" organisiert.

Die „4K-Regel" als Handlungsgrundsätze für eine wirkungsvolle Marktbearbeitung

1. *Konzentration:*
   Schwerpunkte setzen
   (Verkaufsprogramm, Kundenkreis, Verkaufsgebiet)

2. *Kontinuität:*
   Aufgaben langfristig verfolgen

3. *Konsequenz:*
   Umfassende Maßnahmen, Regelmäßigkeit,
   mit Nachdruck arbeiten (Nachfassen!)

4. *Koordination:*
   die einzelnen Maßnahmen abstimmen

Die Schlagkraft der Verkaufsorganisation wird erhöht, wenn die Mitarbeiter im Verkauf durch die Verkaufsleitung aktiviert und unterstützt werden.

Zu einer wirkungsvollen Marktbearbeitung gehört auch schnelles und flexibles Handeln.

■ Wirtschaftliche Marktbearbeitung

Wirtschaftliche Marktbearbeitung ist darauf ausgerichtet, einen hohen Deckungsbeitrag und ein günstiges Verhältnis zwischen Umsatz und Kosten zu erreichen.

Dazu sind vor allem die folgenden Maßnahmen zu ergreifen.

- ertragsorientierte, differenzierte Marktbearbeitung,
- rationelle Touren- und Besuchsplanung,
- niedriger Verwaltungsaufwand,
- Vermeidung von Verlustaufträgen,
- Trennung von verlustbringenden Kunden, Produkten und Verkaufsregionen.

4.1.2 Instrumente der Verkaufsorganisation

Die gedankliche Grundlage für den Einsatz der Verkaufsorganisation ist das Führungskonzept (direktiv – kooperativ), das die Entscheidungskompetenzen zwischen der Führung und den Mitarbeitern festlegt. Je nach dem, ob direktiv oder kooperativ geführt wird, werden den Mitarbeitern Steuerungs- und Planungsbefugnisse in unterschiedlichem Umfang übertragen. Das Führungskonzept regelt die Zusammenarbeit zwischen Führung und Mitarbeitern und beeinflußt wesentlich die Arbeitsmotivation der Mitarbeiter.

Die Instrumente für den systematischen Einsatz der Verkaufsorganisation zeigt nachstehende Übersicht.

Die *Steuerung* ist das Kerninstrument für den systematischen Einsatz der Verkaufsorganisation.

Steuerung ist zielorientiertes Einwirken auf die Organisation. Steuerung setzt also voraus, daß Ziele vorhanden sind.

Die Instrumente für den systematischen Einsatz der Verkaufsorganisation

– Steuerung der Organisation
  • Auftrag
  • Kontrolle
 	
– Planung und Informationssystem als Grundlage der Steuerung
 	
– Aktivierung der Mitarbeiter
 	
– Unterstützung der Mitarbeiter
 	
– Kommunikation innerhalb der Organisation

Durch Steuerung wird erreicht, daß die Verkaufsorganisation macht, was der Verkaufsleiter will. Ohne Steuerung macht jeder Mitarbeiter, was er selbst will.

Steuerung ist ein zweifacher Informationsprozeß, der aus Auftragserteilung und Kontrolle besteht.

Grundlage einer fundierten Steuerung ist die *Planung*. Durch die Planung werden Ziele, Maßnahmen, Kosten und Ergebnisse festgelegt. Steuerung ist Vollzug der Planung.

Pläne dürfen allerdings nicht starr umgesetzt werden. Sinnvolle Steuerung paßt die Planung (Planungslücken, Planungsfehler) an situative Gegebenheiten an („Feinsteuerung"). Planung wird also mit Beginn der Steuerung nicht abgeschlossen, sondern setzt sich in der Steuerung fort.

Grundlage zunächst für die Planung und später auch für die Kontrolle sind Informationen, die zu erheben und auszuwerten sind. Das ist die Aufgabe des *Informationssystems*.

Steuerung darf sich nicht allein auf Auftragserteilung und Kontrolle beschränken. Damit die Aufträge von den Mitarbeitern mit voller Kraft durchgeführt werden, müssen sie *aktiviert und unterstützt* werden.

Die Leistungsbereitschaft der Mitarbeiter wird zunächst allein schon durch die richtige Form der Steuerung beeinflußt. Zusätzlich sind spezielle Maßnahmen der Aktivierung zu ergreifen, unter denen das Vergütungssystem besonders wichtig ist.

Damit die Mitarbeiter im Sinne der Steuerung aktiviert werden, sind die Leistungsanreize auf die Planungsziele auszurichten (Problem der Umsatzprovision!).

Zum systematischen Einsatz der Verkaufsorganisation gehören weiterhin unterstützende Maßnahmen, die den Mitarbeitern helfen, die ihnen erteilten Aufträge mit bestmöglichem Erfolg durchzuführen.

Voraussetzung für die Zusammenarbeit in einer Organisation ist eine regelmäßige und offene *Kommunikation* (sowohl zwischen der Führung und den Mitarbeitern wie auch unter den Mitarbeitern). Kommunikation ist ein Austausch von Informationen, durch die in unterschiedlicher Weise zwischenmenschliche Beziehungen entstehen. Inhalt der Information sind zunächst Anweisungen und Berichte, die die Bausteine des Steuerungsprozesses sind, dann jedoch auch Erfahrungen, Meinungen und Absichten, die für den Planungsprozeß wichtig sind.

4.2 Das Steuerungssystem

4.2.1 Auftragserteilung

Aufträge können nach Inhalt und Art auf unterschiedliche Weise erteilt werden. Wie vorgegangen wird, hängt von der Situation und vom Führungsstil ab.

Aufträge können wie folgt erteilt werden:

— Fallweise Anweisungen geben

— Generelle Regelungen einführen

— Aufgaben übertragen und Ziele vorgeben

■ **Fallweise Anweisungen**

Die Erteilung von Einzelanweisungen ist die Primitivform der Steuerung. Sie hat ein großes Gewicht in Kleinunternehmen und bei autoritärer Führung.

Die Steuerung über Einzelanweisungen ist sinnvoll

— bei unqualifizierten Mitarbeitern,

— bei wichtigen Sonderfällen, deren Entscheidung den ausführenden Mitarbeiter überfordern,

— wenn von der Führung eine schnelle Entscheidung zu treffen ist.

Der Nachteil dieser Steuerungsform besteht darin, daß sie die Führung erheblich belastet und die Mitarbeiter entmündigt.

Einzelanweisungen sind ein ergänzendes Steuerungsinstrument. Würde eine Organisation nur über Einzelanweisungen gesteuert werden, besteht die Gefahr, daß „ohne roten Faden" geführt wird und des öfteren widersprüchliche Entscheidungen getroffen werden.

■ Generelle Regelungen

Grundsätzliche Regelungen sind zweckmäßig und möglich, wenn sich Arbeitsvorgänge wiederholen. Sie haben den Vorteil, daß Aufgaben übertragen werden können, ohne daß immer wieder erneut einzelne Anweisungen gegeben werden müssen. Weiterhin erübrigen sich viele Rückfragen, wenn generelle Regelungen vorhanden sind.

Dieses Steuerungssystem führt damit zu einer erheblichen Entlastung der Führung, wobei allerdings die Regelungen erst einmal erarbeitet werden müssen.

Auch wird eine beträchtliche Zeitersparnis für die Mitarbeiter erreicht, die im Rahmen der vorgegebenen Regelungen ihre Aktivitäten besser planen können.

Regelungen können erarbeitet und eingesetzt werden

- durch die Planung von Strukturen, mit dem Ziel einer Aufbauorganisation,
- durch die Planung von Prozessen, mit dem Ziel einer Ablauforganisation,
- durch die Vorgabe von Schwerpunkten für die Aufgabenplanung.

> *Regelungen für den Einsatz der Verkaufsorganisation*
>
> - Bestimmung des Geschäftsfeldes (Kundenkreis, Verkaufsprogramm, Absatzgebiet) mit langfristigen Schwerpunkten
> - Bildung von Verkaufsbezirken
> - Festlegung von Besuchsfrequenzen (Kundenklassifizierung)
> - Tourenplanung
> - Aufgabenbeschreibungen
> - Handlungsrichtlinien (z.B. für Reklamationsbearbeitung)
> - Regelung der Zusammenarbeit zwischen Außen- und Innendienst

Die Steuerung über Regelungen ist bei Routinevorgängen zweckmäßig. Regelungen bergen allerdings die Gefahr in sich zu veralten und zu erstarren. Sie müssen daher von Zeit zu Zeit an die aktuellen Anforderungen angepaßt werden.

Außerdem dienen sie lediglich als „Skelett" oder Gerüst der Steuerung. Der Motor der Steuerung liegt in der Planung, die die Organisation mit Leben erfüllt.

Vorgabe von Aufgaben und Zielen

Je qualifizierter Mitarbeiter sind, desto mehr kann dadurch gesteuert werden, daß Mitarbeitern komplexe Aufgaben übertragen werden, die sie in eigener Verantwortung erfüllen.

Dabei darf nicht versäumt werden, Ziele und möglicherweise auch Handlungsrichtlinien vorzugeben.

Bei kooperativer Führung werden möglichst Ziele vereinbart.

Anforderungen an die Auftragserteilung

Aufträge können mündlich, schriftlich oder telefonisch sowie individuell oder generell erteilt werden. Danach sind die folgenden Informationswege zu unterscheiden:

- das Gespräch,
  - das Einzelgespräch,
  - die Konferenz;

- der Brief,
  - der Einzelbrief,
  - das Rundschreiben;

- das Telefonat.

Die einzelnen Formen der Auftragserteilung haben eine unterschiedliche Wirkung und Wirtschaftlichkeit.

Die individuelle Kommunikation ist grundsätzlich persönlicher als die generelle. Das gilt besonders für das Einzelgespräch. Dafür ist die generelle Kommunikation im allgemeinen wirtschaftlicher. Die Schriftform vermittelt dem Inhalt der Kommunikation mehr Nachdruck (Verbindlichkeit, Vergeßlichkeit). Telefongespräche sind vorzuziehen, wenn Informationen persönlichen Inhalts schnell übermittelt werden sollen.

Damit Aufträge wie von der Führung beabsichtigt ausgeführt werden, müssen sie verständlich (klar und eindeutig) sein und von den Mitarbeitern (möglichst) akzeptiert werden.

Eine mißverständliche Auftragserteilung ist häufig auf unzureichende Information zurückzuführen. Dieser Mangel hat seine Ursache vielfach darin, daß die Führungskraft den Informationsstand der Mitarbeiter überschätzt.

Die Akzeptanz von Aufträgen durch die Mitarbeiter hängt wesentlich davon ab,

– welchen Einfluß sie auf die den Aufträgen zugrunde liegenden Entscheidungen hatten und

– welche Konsequenzen (Zeitaufwand) und Bedeutung (persönlicher Nutzen) die Aufträge für sie selbst haben.

4.2.2 Kontrollsystem

Die Kontrolle ist ein unabdingbarer Baustein jedes Steuerungssystems. Aufträge zu erteilen, ohne in geeigneter Form zu überprüfen, ob diese Aufträge ausgeführt worden sind, ist lückenhaftes und damit mangelhaftes Management. Eine andere Frage ist allerdings, wie straff die Kontrolle durchgeführt wird.

Die Kontrolle verfolgt den Zweck, festzustellen,

– ob die vorgegebenen Ziele erreicht worden sind,

– welche positiven (Chancen!) und negativen (Probleme!) Abweichungen aufgetreten sind und

– auf welche Ursachen diese Abweichungen zurückzuführen sind.

Damit durch Kontrolle künftiges Handeln verbessert wird, muß auf die Analyse der Kontrollergebnisse die Erarbeitung entsprechender Maßnahmen folgen. Kontrolle ohne Folgemaßnahmen ist – abgesehen vom psychologischen Effekt – wirkungslos und unwirtschaftlich.

Bei der Organisation der Kontrolle ist auf ein angemessenes Verhältnis zwischen Ertrag und Aufwand zu achten.

Die Kontrolle kann zentral oder dezentral organisiert werden.

Bei der zentralen Kontrolle gehen die Kontrollinformationen ausschließlich an die Führung. Sie wertet die Daten aus und setzt die Mitarbeiter nach Gutdünken vom Ergebnis in Kenntnis. Dieses Kontrollverfahren entspricht dem autoritären Führungskonzept.

Bei der dezentralen Kontrolle wird jeder Mitarbeiter über die Ergebnisse seines Tätigkeitsbereiches unmittelbar und umfassend informiert. Der Mitarbeiter hat – im Sinne einer (teilweisen) Selbststeuerung – die Kontrolldaten unabhängig von der Führung auszuwerten. Falls erforderlich, hat der Mitarbeiter sich zu seiner Unterstützung mit der für ihn zuständigen Führungskraft in Verbindung zu setzen.

Bei der dezentralen Kontrolle beschränkt sich die Führung – zumindest im ersten Schritt – auf die Analyse von konzentrierten Globalinformationen. Erst im Bedarfsfall wird auf Detaildaten zurückgegriffen.

Die Kontrolle kann „vom Schreibtisch" (Schreibtisch-Kontrolle) und „Vor Ort" (Vor Ort- oder Feld-Kontrolle) durchgeführt werden. Beide Vorgehensweisen sind wichtig und ergänzen einander.

■ **Schreibtisch-Kontrolle**

Bei diesem Verfahren werden vornehmlich schriftliche Informationen ausgewertet. Grundlage einer umfassenden Schreibtisch-Kontrolle sind deshalb ein ausführliches Berichtswesen und eine umfangreiche Statistik.

Statistiken dienen der Auswertung von Massenvorgängen. Sie erleichtern den Überblick und zeigen Zusammenhänge und Abhängigkeiten auf. Diesem Zweck dienen besonders Kennziffern.

Statistische Daten können leicht fehlinterpretiert oder sogar bewußt zur Fehlinformation mißbraucht werden. Problematisch ist z.B. der Vergleich von Prozentwerten, ohne die dazu gehörenden absoluten Größen zu kennen.

Der Einsatz der EDV erschließt heute vielfältige Analysemöglichkeiten.

Andererseits erhöht die EDV die Gefahr der Informationsüberflutung. Um den „information overkill" zu vermeiden, ist die Zahl der Kontrolldaten auf einen überschaubaren Umfang zu beschränken. Zu diesem Zweck ist das System der Kontrolldaten entsprechend den Anforderungen des einzelnen Mitarbeiters zu differenzieren.

Das Berichtswesen ist möglichst als Frühwarnsystem aufzubauen. Die Erfassung der aktuellen Aufträge ermöglicht z.B. Aussagen über den Umsatz der nächsten Zukunft. Die Strukturierung von Globalwerten (z.B. Gliederung des Gesamtumsatzes nach Absatzbereichen) läßt vom Gesamttrend abweichende Entwicklungen erkennen.

Eine weitere bedeutsame Informationsquelle für die Verkaufsleitung sind die Berichte des Außendienstes. Hierbei ist zwischen den Markt- und den Reiseberichten zu unterscheiden.

Die Marktberichte geben Informationen über Marktvorgänge, während die Reiseberichte über die einzelnen Kundenbesuche informieren.

Das Berichtswesen ist straff zu organisieren. Umfangreiche Berichte kosten Zeit für den, der sie zu schreiben, und den, der sie zu lesen hat. Ein straffes Berichtswesen spart also Zeit für das Ver-

Wichtige Kontrolldaten für das Verkaufsmanagement
– Absatzpotentiale
– Marktanteile
– Entwicklung der Umsätze und der Deckungsbeiträge
– Umsatz- und Deckungsbeitragsanalysen
– Kostenentwicklung
– Leistungskennziffern
• Zahl der Besuche je Tag   (Intensität der Marktbearbeitung)
• Zahl der Aufträge je Besuch   (Qualität der Marktbearbeitung)
• Gefahrene km im Außendienst

kaufspersonal und das Verkaufsmanagement. Außerdem wirkt es sich günstig auf die Arbeitsmotivation der Verkäufer aus. Verkäufer schreiben ungern Berichte. In diesem Zusammenhang ist zu bedenken, daß die Aufgabe des Außendienstes darin besteht, zu verkaufen und nicht, Berichte zu schreiben.

Aus diesem Grunde ist es überlegenswert, Reiseberichte völlig abzuschaffen, sofern sie nur aus Gründen der „psychologischen Kontrolle" angefertigt werden.

■ **Feld-Kontrolle**

Bei der Feld-Kontrolle informiert sich die Führung „vor Ort", d.h. in unmittelbarem Kontakt mit den Mitarbeitern oder auch den Kunden. Bei größeren Unternehmen können hierbei nur Stichproben vorgenommen werden.

Durch Gespräche mit Mitarbeitern oder Kunden und durch Beobachtungen sollen

- die Vorgehens- und Arbeitsweise der Mitarbeiter,
- deren Arbeitsmotivation und
- die Zufriedenheit der Kunden

ermittelt werden. Zu diesen Gesprächen gehört auch der Meinungsaustausch.

Die Feld-Kontrolle des Verkaufsleiters wird vornehmlich in der Form von Reisebegleitungen durchgeführt. Hierbei vermag sich der Verkaufsleiter nicht nur einen unmittelbaren Eindruck von der Vorgehensweise seiner Verkäufer zu verschaffen, sondern es können auch intensive Gespräche mit den Mitarbeitern und den Kunden über die Verkaufssituation und die Marktentwicklungen geführt werden.

Zur Feld-Kontrolle, die der Verkaufsleiter im Außendienst durchführt, gehören gemeinsame Kundenbesuche mit den Vertretern sowie die Analyse ihrer Arbeitsorganisation.

Ein wichtiger Bestandteil der Organisationsanalyse ist es, zu überprüfen, ob die Kundendatei richtig geführt und auch ausgewertet wird.

Beim Gespräch mit den Kunden im Rahmen solcher Reisebegleitungen hat der Verkaufsleiter darauf zu achten, den für den Kunden zuständigen Verkäufer nicht in den Hintergrund zu drängen.

Zur Systematisierung der Reisebegleitung kann ein Beurteilungsbogen eingesetzt werden, der als Prüf- und Merkliste dient. Dieser Bogen gibt eine Übersicht über die zu prüfenden Tatbestände und dient zum Eintrag der zu treffenden Verbesserungsmaßnahmen.

Durch die Verwendung einer solchen Unterlage werden die vollständige Erfassung der während der Reisebegleitung zu überprüfenden Gesichtspunkte und der Vergleich mit früheren oder späteren Feststellungen erleichtert.

Die Reisebegleitung wird durch eine ausführliche Aussprache zwischen dem Verkaufsleiter und dem Vertreter abgeschlossen, die bereits punktuell während der Reisebegleitung beginnt („Bordsteinkonferenz").

In der Aussprache diskutiert der Verkaufsleiter mit seinem Mitarbeiter darüber, welche Eindrücke er über dessen Arbeitsweise gewonnen hat und welche Maßnahmen getroffen werden können, um diese zu verbessern. Die Ergebnisse dieser Unterredung sind schriftlich festzuhalten, damit die Umsetzung der vereinbarten Maßnahmen nicht in Vergessenheit gerät.

Die Reisebegleitung kann durch Besuche ergänzt werden, die der Verkaufsleiter ohne den zuständigen Vertreter beim Kunden durchführt. Auf diese Weise kann sich die Verkaufsleitung direkt beim Kunden über wichtige Marktvorgänge informieren. Der zuständige Vertreter ist über solche Kundenbesuche möglichst vorher in Kenntnis zu setzen. Dem Vertreter ist freizustellen, am Gespräch des Verkaufsleiters mit dem Kunden teilzunehmen.

Die „Vor-Ort"-Kontrolle im Innendienst findet durch Gespräche mit den Mitarbeitern am Arbeitsplatz statt.

■ Vergleichende Bewertung der Kontrollverfahren

Je nach Mentalität bevorzugen Führungskräfte die eine oder andere Form der Kontrolle. Gegenwärtig neigt das Management – vielleicht als Folge der wissenschaftlichen Ausbildung – dazu, die Schreibtisch-Kontrolle stark zu bevorzugen. Diese Tendenz ist bedenklich. Sie birgt die Gefahr in sich, daß das Management den

Marktkontakt verliert und zu einer realitätsfernen Beurteilung der Ergebnisse und der Situation kommt. Zur Korrektur dieses Verhaltens wird in der amerikanischen Managementtheorie das Konzept „Management by wandering around" empfohlen.

4.3 Die Verkaufsplanung als Grundlage der Steuerung

Die Verkaufsplanung ist das operative Planungsinstrument für den periodenbezogenen Einsatz der Verkaufsorganisation. Mit ihr werden für den jeweiligen Planungszeitraum festgelegt:

- die Plan-Umsätze und Plan-Deckungsbeiträge,
- die Schwerpunktaufgaben der Verkaufsorganisation,
- die zusätzlichen Aktivitäten im Verkauf,
- die Verkaufskosten.

Die Verkaufsplanung ist Teil der Absatzplanung, die wiederum ein Baustein der gesamten Unternehmensplanung ist. Aus der Absatzplanung werden die Planergebnisse, die Schwerpunktaufgaben und das Verkaufsbudget übernommen. Je nach der Planungskompetenz kann die Verkaufsleitung die Absatzplanung mitgestalten. Ist die Verkaufsleitung für den gesamten Absatz verantwortlich, dann ist sie als Mitglied der Unternehmensführung auch für die gesamte Absatzplanung zuständig. Beschränkt sich die Kompetenz der Verkaufsleitung auf die Führung der Verkaufsorganisation, so hat sie einen eigenen Planungsfreiraum möglicherweise nur für die Aufteilung der durch die Absatzplanung vorgegebenen Planumsätze auf das Verkaufspersonal und die Entwicklung zusätzlicher Aktivitäten im Verkauf.

Hierbei nimmt die *Umsatzplanung* eine Schlüsselfunktion für die gesamte Unternehmensplanung ein. Bei ihrer Planung müssen die Unternehmen im allgemeinen zunächst den erreichbaren Absatz ermitteln und danach ihre Kapazitäten, Aktivitäten und Kosten festlegen.

4.3.1 Bausteine der Verkaufsplanung

■ **Umsatzplanung**

Im Rahmen der Umsatzplanung ist der für eine Planperiode angestrebte Umsatz gesamt sowie differenziert nach Produkten, Kunden und Verkaufsregionen festzulegen. Die Plan-Umsätze sind um die entsprechenden Deckungsbeiträge zu ergänzen. Dadurch wird erkennbar, welche Deckungsbeiträge hinter den jeweiligen Plan-Umsätzen stehen. Auf diese Weise soll vermieden werden, daß Umsätze eingeplant oder vielleicht sogar noch forciert werden, die sich nicht lohnen.

Die Plan-Umsätze und Plan-Deckungsbeiträge dienen als Vorgabe für die Verkaufsorganisation.

■ **Planung von Schwerpunktaufgaben**

Im Zusammenhang mit der üblichen Kundenbearbeitung können dem Verkauf unterschiedliche Schwerpunktaufgaben übertragen werden, die von ihm in der Planungsperiode verstärkt zu verfolgen sind. Solche Schwerpunktaufgaben sind in der Übersicht beispielhaft aufgeführt.

Zur Durchführung der Schwerpunktaufgaben sind die bisherigen Aktivitäten verstärkt auf diese Aufgaben auszurichten und – falls erforderlich – durch zusätzliche Maßnahmen zu verstärken.

Schwerpunktaufgaben der Verkaufsorganisation
– Märkte erschließen (neue Produkte, neue Kunden, neue Bezirke)
– Märkte sichern und Marktposition festigen (Kundenbindung verstärken, Unternehmen verbessern)
– Märkte durchdringen (Marktreserven aufspüren)
– Märkte erweitern
– Ertragspotentiale besser nutzen, Gewinnspanne verbessern
– Verlustquellen abbauen (Verkaufsprogramm, Kundenkreis, Absatzgebiet)
– Rationalisierungsreserven erschließen

4.3.2 Maßnahmenplanung

Hierbei handelt es sich um die Planung zusätzlicher Aktivitäten (siehe Übersicht) zur Erreichung der Umsatzziele oder Durchführung von Schwerpunktaufgaben.

Grundlage der Maßnahmenplanung ist der normale Tourenplan mit den vorgesehenen Kundenkontakten.

Diese Maßnahmen dienen dazu, die Kundenbearbeitung zu verstärken. Sie sind im Rahmen der gesamten Absatzplanung mit den Maßnahmen anderer Absatzbereiche abzustimmen (z.B. mit der Werbeplanung).

> *Zusätzliche Aktivitäten im Verkauf*
>
> - Sonderverkäufe mit Preisnachlaß (z.B. auch Räumungsverkäufe)
> - Verkaufsrunden mit Schwerpunktangeboten
> - Zusatzangebote über
>   • Direct Mail
>   • Telefonverkauf
> - Kundenbefragungen zu Spezialthemen
> - Schulung der Mitarbeiter
> - Versand von Katalogen und Prospekten
> - Hausmessen

4.3.3 Kostenplanung

Die Kostenplanung ist die Vorausrechnung möglicher Kosten, die durch die Bereitstellung und den Einsatz der Verkaufsorganisation je Planungsperiode voraussichtlich anfallen werden. Durch die Planung der Kosten soll vermieden werden, daß Vorhaben durchgeführt werden, die sich nicht lohnen oder nicht finanzierbar sind.

Bei der Kostenplanung ist darauf zu achten, daß nicht nur die Grundkosten (z.B. Personalkosten bei Einstellung eines Reisenden), sondern auch die Zusatzkosten (z.B. PKW-Kosten) und die Folgekosten (z.B. Ausgleichsanspruch des ausscheidenden Handelsvertreters) erfaßt werden.

Die Kostenplanung ist mit der Budgetplanung abzustimmen. Das Verkaufsbudget umfaßt die finanziellen Mittel, die dem Verkauf in der Planungsperiode insgesamt zur Verfügung stehen.

Das Verkaufsbudget wird vielfach über einen bestimmten Prozentwert vom Umsatz festgelegt. Dieses Planungsverfahren hat den Vorteil, daß es einfach ist und – zumindest in der Planung – die Kosten im kalkulatorischen Rahmen des Unternehmens liegen. Allerdings orientiert sich diese Vorgehensweise nicht an den Anforderungen des Marktes. Bei der Planung des Budgets ist zu berücksichtigen, welche Maßnahmen aufgrund der Marktsituation oder auch der Unternehmensziele notwendig oder wünschenswert sind. Der ursprüngliche Planungsansatz ist entsprechend zu korrigieren.

4.3.4 Umsatzplanung als Kernstück der Verkaufsplanung

Die Umsatzplanung hat innerhalb der Verkaufsplanung eine zentrale Stellung.

In der Praxis wird bei der Umsatzplanung häufig so vorgegangen, daß der erzielte Umsatz der Vorperiode um einen bestimmten Prozentsatz erhöht, unter Umständen auch verringert wird, um die voraussichtliche Markt- und Kostenentwicklung zu berücksichtigen. Diese Vorgehensweise ist problematisch, weil von der falschen Bezugsgröße, nämlich dem Ist-Umsatz, ausgegangen wird. Der richtige Ausgangspunkt für die Umsatzplanung ist das Marktpotential. Handlungsrichtlinie für die Umsatzplanung muß es nämlich sein, lohnende Absatzchancen unter Berücksichtigung der unternehmenspolitischen Zielsetzung bestmöglich zu nutzen.

Kriterien der Umsatzplanung
– Marktpotential (Gesamtabsatz auf dem Markt)
– Marktwachstum
– Absatzpotential (erreichbarer Marktanteil)
– Angestrebte Marktposition
– Auswirkungen auf das Unternehmensergebnis

Das *Marktpotential* ist der potentielle Gesamtabsatz eines Marktes. Er ergibt sich aus dem bisherigen Ist-Absatz auf dem Markt, erhöht um die Marktreserven.

Um das künftige Marktpotential zu ermitteln, ist das voraussichtliche Marktwachstum (Trend) zu berücksichtigen.

Das *Absatzpotential* ist der von einem Unternehmen erreichbare Anteil am Marktpotential. Seine Größe hängt zunächst von den Wettbewerbsverhältnissen auf dem Markt und der Marktposition des Unternehmens ab. Je geringer der Wettbewerb und je stärker die Marktstellung des Unternehmens sind, desto größer ist das erreichbare Absatzpotential des Unternehmens.

Die Größe des Absatzpotentials wird weiterhin durch die Absatzanstrengungen des Unternehmens beeinflußt. Produktverbesserungen, Preissenkungen und verstärkte Marktbearbeitung sind Maßnahmen, die das Absatzpotential ausweiten.

Von den Absatzaktivitäten des Unternehmens hängt auch ab, welche Marktposition (welcher Marktanteil) erreicht wird.

In diesem Zusammenhang darf nicht übersehen werden, daß eine verstärkte Marktbearbeitung die Vertriebskosten erhöht. Preissenkungen schmälern die Gewinnspanne. Deshalb stellt sich die Frage, ob sich die Ausweitung des Absatzpotentials oder die Vergrößerung des Marktanteils günstig auf den Unternehmenserfolg auswirkt.

Wie hoch der Planabsatz auf der Grundlage des Absatzpotentials und des Marktanteils anzusetzen ist, hängt letztlich von den Unternehmenszielen, insbesondere von den Wachstumsvorstellungen und Gewinnerwartungen der Geschäftsleitung ab.

4.3.5 Planungsverfahren

■ **Die Portfolio-Analyse als Grundlage der strategischen Zielplanung**

Mit diesem Verfahren werden die Geschäftsbereiche eines Unternehmens (Produktgruppen, Kundengruppen, Verkaufsregionen) für eine chancen- und gewinnorientierte Unternehmensplanung und Marktbearbeitung bewertet.

Beurteilungskriterien für die Geschäftsbereiche sind deren Rentabilität, das Wachstumspotential und die Wettbewerbsposition des Unternehmens (relativer Marktanteil, Firmenimage, Präferenzen u.a.m.).

Durch dieses Bewertungsverfahren lassen sich die folgenden strategischen Fragen klären:

- Verfügt das Unternehmen über Geschäftsbereiche, mit denen die Zukunft des Unternehmens gesichert werden kann, oder besteht in dieser Hinsicht eine Lücke im Geschäftsportfolio des Unternehmens, die geschlossen werden muß?

- Verfügt das Unternehmen über gewinnstarke Bereiche, die das finanzielle Rückrat des Unternehmens bilden?

- Welche Geschäftsbereiche belasten das Unternehmen und sind deshalb aufzugeben?

- Mit welcher Intensität sind die einzelnen Geschäftsbereiche zu bearbeiten?

Mit der Portfolio-Methode soll vor allem verhindert werden, daß die einzelnen Märkte eines Unternehmens nach dem Gießkannen-Prinzip bearbeitet werden. Vielmehr soll ein abgestufter Einsatz der Kräfte nach der Ergiebigkeit der Märkte und der Notwendigkeit der Marktbearbeitung erreicht werden.

■ **Die Marktpotentialanalyse**

Mit der Marktpotentialanalyse wird das Nachfragevolumen eines Marktes ermittelt. Rechengrößen sind die Zahl der Kunden und das Bedarfsvolumen je Kunde.

Auf dem Konsumgütermarkt entspricht die Zahl der Kunden der Zahl der konsumfähigen Einzelpersonen (z.B. für Nahrungsmittel und Textilien) oder der Zahl der Haushalte (z.B. für Staubsauger und Möbel).

Auf dem Produktivgütermarkt ergibt sich das Bedarfsvolumen je Kunde aus der Kapazität (Zahl der Mitarbeiter, Maschinen, LKW's) der kaufenden Unternehmen.

Bei der Analyse von Gebrauchsgütermärkten ist zwischen Erst-, Ersatz- (Alter der bei den Kunden vorhandenen Ausstattung), Rationalisierungs- und Erweiterungsbedarf zu unterscheiden.

■ **Die Trendprognose**

Um die voraussichtliche Entwicklung eines Marktes zu erfassen, kann wie folgt vorgegangen werden:

- Subjektive Schätzung durch die zuständigen Mitarbeiter des planenden Unternehmens
- Expertenurteile (Delphi-Methode)
- Zeitreihenanalysen:
  - Lineare Trendextrapolation
  - Glättungsverfahren (z.B. exponentielle Glättung/exponential smoothing)
- Trendanalyse auf der Grundlage von Wachstumsfunktionen
- Kausalanalysen: Regressionsanalyse, Korrelationsanalyse (Einfach- und Mehrfach-Korrelation)

Wegen ihrer Einfachheit sind in der Praxis Zeitreihenanalysen sehr beliebt. Sie haben allerdings den großen Nachteil, daß die Marktentwicklung ohne faktische Begründung geschätzt wird. Im Grunde wird ein Verursachungszusammenhang mit dem Zeitablauf angenommen, der natürlich nicht besteht.

■ **Die regionale Verteilung des Planumsatzes**

Zur Steuerung des Außendienstes ist der gesamte Planumsatz eines Unternehmens auf die einzelnen Verkaufsregionen aufzuteilen. Grundlage dafür ist das Bedarfsvolumen je Verkaufsbezirk. Für die einzelnen Bezirke werden meist sogenannte Bedarfsfaktoren (Zahl der Einwohner, Zahl der Haushalte, Einzelhandelsumsatz) ermittelt, über die sich der relative Anteil des Bedarfsvolumens je Bezirk am Gesamtbedarf des ganzen Absatzgebietes feststellen läßt. Über diese Bedarfsfaktoren läßt sich der gesamte Planumsatz auf die einzelnen Bezirken aufteilen.

Zur regionalen Verteilung des Planumsatzes für Konsumgüter stellt die Gesellschaft für Konsumforschung sogenannte Absatzkennziffern zur Verfügung, die aus einer Kombination verschiedener Bedarfsfaktoren errechnet wird.

4.3.6 Die Organisation der Planung

Der Umsatzplan kann nach drei verschiedenen Methoden erarbeitet werden:

– zentral (top/down),

– dezentral (bottom/up),

– kooperativ (down/up).

Die zentrale Planung:

Die Geschäftsleitung erarbeitet unabhängig vom Verkauf die Umsatzziele und gibt dem Verkauf die entsprechenden Plandaten vor. Aufgabe des Verkaufs ist es, die vorgegebenen Zielgrößen zu präzisieren (z.B. Aufteilung des vorgegebenen Gesamtumsatzes auf die einzelnen Kunden) und die notwendigen verkaufspolitischen Maßnahmen zur Erreichung dieser Ziele zu entwickeln.

Grundlage der zentralen Planung sind insbesondere

– Indikatoren für Marktpotentiale,

– Markttrends,

– Kostenentwicklungen,

– verfügbare Ressourcen.

Der Vorteil dieses Planungsverfahrens liegt vor allem in der zügigen Durchführung. Abstimmungsgespräche mit dem Verkauf entfallen weitgehend.

Die Nachteile dieser Vorgehensweise liegen darin, daß die Pläne oft realitätsfern sind („Planung am grünen Tisch") und auf Akzeptanzschwierigkeiten bei den Mitarbeitern stoßen.

Die dezentrale Planung:

Der einzelne Verkäufer plant den Umsatz für die von ihm betreuten Kunden. Der Gesamtumsatz ergibt sich dann aus der Zusammenfassung der Einzelplanung der Verkäufer. Grundlage der Planung ist hier die Analyse der einzelnen Kunden.

Die Vorteile dieses Planungssystems liegen in seiner Marktnähe („all business is local!") und in der Akzeptanz durch die Mitarbeiter.

Nachteilig ist, daß diese Art der Planung durch die persönlichen Interessen der einzelnen Verkäufer stark beeinflußt wird. Auch fehlt den Verkäufern oftmals die Qualifikation für eine fundierte Planung. Zumindest haben sie nicht den Überblick über Gesamtzusammenhänge und Entwicklungen, wie ihn die Geschäftsleitung besitzt.

Die kooperative Planung:

Dieses Planungssystem ist das empfehlenswerte. Es umfaßt mehrere Stufen:

1. Die Geschäftsleitung informiert den Verkauf über ihre Planvorstellungen. Zu diesem Zweck nimmt die Geschäftsleitung zu den folgenden drei Fragen Stellung:

- Welche Marktziele sollen im Rahmen der gesamten Unternehmensplanung erreicht werden?
- Welche Marktentwicklungen ermöglichen die vorgesehenen Marktziele?
- Welche absatzpolitischen Maßnahmen sollen dazu beitragen, die vorgeschlagenen Ziele zu erreichen?

2. Der Verkauf konkretisiert, analysiert und korrigiert im Bedarfsfall die Vorstellungen der Geschäftsleitung aus seiner Sicht und erarbeitet daraus seine Planvorschläge.

3. Die Geschäftsleitung und der Verkauf stimmen ihre Planvorstellungen ab. Sollte eine Übereinstimmung nicht erzielt werden können, darf die Geschäftsleitung nicht darauf verzichten, ihre abweichende Auffassung zu begründen.

Diese Vorgehensweise entspricht den Anforderungen des kooperativen Führungskonzeptes. Sie ist eine wesentliche Voraussetzung für eine vertrauensvolle Zusammenarbeit zwischen Führung und Mitarbeitern. Die Abstimmung der Vorstellungen beider Bereiche kann allerdings sehr zeitraubend sein. Sie erfordert außerdem viel Geschick von der Geschäftsleitung, wenn Meinungsunterschiede über die anzusetzenden Planzahlen zwischen Führung und Mitarbeitern auftreten. Ohne diese Fähigkeit kann die kooperative Planung mehr Konflikte mit den Mitarbeitern verursachen als eine zentrale Planung.

4.4 Das Vertriebs-Informationssystem (VIS)

4.4.1 Aufbau des VIS

Um fundierte Entscheidungen treffen zu können, werden aktuelle, sachbezogene Informationen benötigt. Das Vertriebs-Informationssystem enthält die Daten, die im Verkauf für

- die strategische und operative Planung,
- die Steuerung und insbesondere die Kontrolle des Planungsvollzuges,
- das Aufspüren von Schwachstellen im Rahmen einer Organisationsanalyse („Monitoring") und
- situative Entscheidungen im Tagesgeschäft

benötigt werden. Es ist ein Teilbereich des gesamten Management-Informationssystems eines Unternehmens.

Grundsätzlich stehen die Daten des VIS sowohl der Verkaufsleitung wie auch dem Verkaufspersonal – allerdings mit unterschiedlicher Zugriffskompetenz – zur Verfügung. Jeder Mitarbeiter hat Zugriff auf die Daten, die er für die von ihm zu treffenden Entscheidungen braucht.

Das VIS umfaßt zunächst Informationen über Einzelvorgänge (z.B. Umsatz je Produkt), die aus Gründen der besseren Übersicht aggregiert (z.B. Umsatz je Produktgruppe) und zu Kennziffern (z.B. Umsatzveränderung in %) verarbeitet werden. Für die Arbeit der Verkaufsleitung ist es besonders wichtig, auf ein VIS zurückgreifen zu können, in dem die Daten in zweckmäßiger Weise konzentriert worden sind. Die Güte eines VIS hängt also nicht allein vom Umfang der Daten, sondern auch von deren Verarbeitung und Präsentation ab.

In den Unternehmen werden gegenwärtig in zunehmendem Maße computergestützte VIS aufgebaut. Vor Einführung der EDV wurde das VIS weitgehend über Listen, Dateien, Berichtsformulare und andere Aufzeichnungen geführt. Dies hatte zur Folge, daß viele wichtige Daten nicht festgehalten wurden oder nicht aktuell waren.

In zunehmendem Maße stellen die Unternehmen ihre VIS auf elektronische Verfahren um, was u.a. ihre Aussagefähigkeit wesentlich verbessert und den Verwaltungsaufwand beträchtlich verringert. Allerdings entstehen mit dem Übergang zu computerunterstützten VIS nicht unerhebliche Investitionskosten.

Die Auswertung des VIS beschränkt sich besonders in mittelständischen Unternehmen oft ausschließlich auf die Planung und Kontrolle im operativen Geschäft. Controlling-Aspekte im Sinne des Vertriebs-Monitoring werden weitgehend vernachlässigt.

Der Aufbau eines Vertriebs-Informationssystemes geschieht in nachfolgend dargelegten Schritten:

Aufbau eines Vertriebs-Informationssystems (VIS)

– Festlegung der Datenerfassung
  • Welche Daten werden von wem benötigt?
  • Welche Daten sind beschaffbar?
    (Ermittlung der Informationsquellen)
  • Wer erfaßt die Daten?

– Aufbereitung (auch Prognose) und Darstellung der Daten

– Bestimmung der Informationswege
  (Wer informiert wen worüber wie und wann?)

Ein rationelles Informationssystem vermeidet sowohl die Unterwie auch die Überinformation. Im Zeitalter der neuen Kommunikationsmedien wird die Gefahr der Überflutung mit Informationen immer größer. Ein Zuviel an Informationen verwirrt den Entscheider eher, als daß ihm geholfen wird. Folglich wird die Selektion bei der Erfassung und Verarbeitung von Daten immer wichtiger.

Die Daten sind so aufzubereiten, daß sie leicht erfaßt und verarbeitet werden können. Eine sinnvolle Strukturierung und anschauliche (grafische) Darstellung der Daten gibt bereits erste Interpretationshinweise.

Es ist dafür Sorge zu tragen, daß Informationen nicht nur gesammelt, sondern auch verarbeitet werden.

Das VIS ist so aufzubauen, daß es sich sowohl für die Dispositionen der Verkaufsleitung wie auch des Verkaufspersonals eignet. Grundsätzlich werden für beide Bereiche dieselben Arten von Informationen benötigt, wenn auch auf einer unterschiedlichen Aggregationsebene (Intensität der Verdichtung).

4.4.2 Informationsumfang des VIS

Im einzelnen umfaßt das Informations-(Management)-System der Verkaufsleitung die folgenden Informationen:

1. Unternehmensergebnisse und Erfolgsstrukturen, Situation und Entwicklung

    – Gesamtergebnis (Umsatz, Kosten, Gewinn/Verlust)

    – Umsätze und Deckungsbeiträge der Absatzsegmente

    – Ergebnisse von Aktionen

    – Kostenstrukturen

2. Marktposition des Unternehmens
   - Marktanteil
   - Käuferreichweite (Verwender)
   - Distributionsrate (Handel)
   - Bekanntheitsgrad
   - Image (Polaritäten-Profil)
   - Geschäftsfelder-Portfolio (Kunden, Absatzgebiete, Produkte)
3. Marktverhältnisse (Situation und Entwicklungen), Marktgröße, -strukturen, -anforderungen
   - Bedarf
     - Absatzpotential, Branchenumsatz, Absatzreserven
     - Zahl und Art der Kunden: potentielle und aktuelle Kunden,
     - Kundenerwartungen, -wünsche, -probleme, Kaufmotive,
     - Kundenverhalten (Verwendung, Beschaffung, Information; Kaufentscheidung: Ablauf, Entscheider, Beeinflusser)
   - Handel
     - Verfügbare Absatzwege und Marktbedeutung (Marktanteile)
     - Ziele, Strategien und Verhalten der Absatzmittler
   - Wettbewerb
     - Wettbewerber und ihre Marktbedeutung (Marktanteil)
     - Ziele, Strategien und Verhalten der Wettbewerber
4. Tätigkeits- und Organisationsdaten
   - Produktivitäts-Kennziffern: Zahl der Kundenbesuche je Tag, Zahl der Aufträge je Besuch/Angebot usw.

- Ergebnisse aus Zeitanalysen,

- Tourenplanung,

- Personaldaten: Zahl der Mitarbeiter, Vergütung, Altersstruktur, Ausbildung usw.

Für die Planung, Durchführung und Kontrolle des operativen Geschäfts, für die die Mitarbeiter im Verkauf zuständig sind, sind die folgenden Daten in das Vertriebs-Informationssystem aufzunehmen (Kunden-Datenbank):

- Stammdaten der einzelnen Kunden, wie Anschrift, Branche, Adresse, differenziert nach potentiellen Kunden, Interessenten, kaufenden Kunden, Stammkunden, kalten Kunden,

- Kundenwertigkeit (A/B/C-Kunde) und geplante Bearbeitung,

- vereinbarte Preise und Konditionen,

- besondere Kundenwünsche,

- Kontaktpersonen und Entscheider der einzelnen Kunden mit persönlichen Daten (Datenschutz beachten!),

- Absatzpotential der Kunden,

- bisher mit den Kunden erzielte Umsätze und Deckungsbeiträge, differenziert nach Produkten (Produktgruppen),

- durchgeführte und geplante Kundenkontakte, differenziert nach Kontaktart (Besuch, Telefon, Brief),

- unterbreitete Angebote,

- durchgeführte Verkaufsförderungsaktivitäten, wie Werbegeschenke, Warenproben, Prospekte, Messeeinladungen usw.,

- Reklamationen,
- Wettbewerber,
- Gründe für 0-Aufträge,
- aktuelle Preise,
- verfügbare Lagerbestände und Lieferzeiten.

Diese Daten sind wichtige Informationsunterlagen für die Erstellung von Angeboten, für die Besuchs- und Tourenplanung, für das Gespräch mit dem Kunden sowie für die Absatzplanung und -kontrolle.

4.5 Das Vergütungssystem

4.5.1 Vergütung als Motivations- und Steuerungsinstrument

Die Vergütung ist eine wichtige Einflußgröße für die Leistungsbereitschaft der Mitarbeiter und ein bedeutender Kostenfaktor. Da die Mitarbeiter verständlicherweise an einem möglichst hohen Einkommen interessiert sind, die Unternehmensleitung dagegen die Kosten möglichst niedrig halten möchte, ergibt sich daraus für die Verkaufsleitung eine schwierige Konfliktsituation. Sie muß versuchen, den Ansprüchen beider Seiten gerecht zu werden.

Das Vergütungssystem ist möglichst so zu gestalten, daß es

- als Motivationsinstrument die allgemeine Leistungsbereitschaft der Mitarbeiter fördert,

- als Steuerungsinstrument die Aktivitäten der Mitarbeiter auf die von der Verkaufsleitung vorgegebenen Ziele (Verkaufsquoten, Forcierung der gewinnstarken Geschäftsbereiche, Durchsetzung der Listenpreise u.a.) lenkt und

- die Personalkosten in einem akzeptablen Verhältnis zum Umsatz hält.

Mit welchem Erfolg ein Vergütungssystem als Motivations- und Steuerungsinstrument eingesetzt werden kann, hängt – neben seiner Gestaltung – davon ab,

- wie stark das Interesse der Mitarbeiter an einem Einkommenszuwachs ist; je höher das Einkommen des Mitarbeiters, je besser seine Vermögenslage und je geringer seine Ansprüche, die sich aus seiner Lebenssituation ergeben, desto weniger wirkt die Möglichkeit des Mehrverdienstes als Leistungsanreiz;

- ob das Vergütungssystem von den Mitarbeitern akzeptiert wird;

- ob das Arbeitsklima stimmt; ein schlechtes Betriebsklima, das naturgemäß leistungshemmend wirkt, kann nicht durch ein leistungsorientiertes Vergütungssystem ausgeglichen werden.

In der Praxis ist die leistungsorientierte Gestaltung der Vergütung besonders für die Mitarbeiter im Verkauf weit verbreitet, die unmittelbar mit der Kundenbearbeitung (z.B. Außendienst) betraut sind. Die Mitarbeiter, die für die Auftragsabwicklung zuständig sind (der Innendienst), erhalten üblicherweise ein Festgehalt und damit ein Einkommen, das nicht an ihre Leistung gekoppelt ist. Diese unterschiedliche Regelung der Vergütung ist eine wesentliche potentielle Ursache für Spannungen zwischen dem Außen- und dem Innendienst. Der Innendienst fühlt sich diskriminiert. Um die Zusammenarbeit zwischen diesen beiden Bereichen zu fördern, ist zu prüfen, ob eine leistungsbezogene Vergütung nicht auch im Innendienst eingeführt werden kann. Eine solche Anpassung der Vergütung ist besonders dann angebracht, wenn der Außen- und Innendienst in kundenorientierte Arbeitsgruppen gegliedert worden ist.

Aus dem Teamgedanken heraus ist weiterhin überlegenswert, das Einkommen der Verkaufsleitung an das Einkommen der Mitarbeiter im Verkauf zu koppeln.

4.5.2 Die Gestaltungsrichtlinien für das Vergütungssystem

Das Vergütungssystem eines Unternehmens ist so zu gestalten, daß es den folgenden Anforderungen entspricht:

Gerecht:

Die Einkommen der einzelnen Mitarbeiter in einem Unternehmen müssen im Hinblick auf deren Leistung in einem angemessenen Verhältnis zueinander stehen. Auch soziale Gesichtspunkte können in diese Forderung einbezogen werden, dürfen jedoch in einem Wirtschaftsbetrieb nicht im Vordergrund stehen.

Leistungsorientiert:

Da die Vergütung ein Leistungsentgelt ist, muß sich in ihr logischerweise die erbrachte Leistung niederschlagen. Das Problem liegt darin, den richtigen Maßstab für die erstellte Leistung festzulegen.

Zielorientiert:

Im Rahmen der Verkaufsplanung setzt die Verkaufsleitung für die jeweilige Planperiode bestimmte Ziele. Das Vergütungssystem kann zur Durchsetzung dieser Ziele als Steuerungsinstrument unterstützend eingesetzt werden.

Einfach:

Die Mitarbeiter müssen die Errechnung ihres Einkommens möglichst leicht nachvollziehen können. Andernfalls leidet die Akzeptanz des Vergütungssystems durch die Mitarbeiter. Deshalb sollten Vergütungssysteme nicht zu kompliziert sein.

Kontinuierlich:

Ist ein Vergütungssystem einmal eingeführt und akzeptiert worden, sind die Mitarbeiter daran interessiert, daß es längerfristig beibehalten wird. Häufiger Wechsel des Vergütungssystems verunsichert die Mitarbeiter, was ihre Arbeitsfreude beeinträchtigt. Darüber hinaus verringern häufige Veränderungen des Vergütungssystems die Bereitschaft der Mitarbeiter, langfristig zu planen.

Vergütungssysteme müssen jedoch – und dies möglichst in größeren Zeiträumen – neuen Bedingungen angepaßt werden. Andernfalls entwickeln sie sich zu einem erheblichen Störfaktor in der Mitarbeiterführung.

Flexibel:

Ein Vergütungssystem läßt sich um so besser als Steuerungsinstrument einsetzen, je leichter es an veränderte Zielvorgaben angepaßt werden kann. Dieser Gesichtspunkt ist besonders dann bedeutsam, wenn mit kurzfristigen Zielvorgaben gearbeitet wird. Das ist z.B. im Zusammenhang mit Verkaufswettbewerben der Fall. Prämiensysteme sind für diesen Zweck besonders geeignet.

Je flexibler ein Vergütungssystem ist, desto geringer ist die Notwendigkeit einer grundlegenden Systemänderung.

Teamgeist-förderlich:

Dem Teamgedanken wird Rechnung getragen, wenn das Vergütungssystem jedem Mitarbeiter in gleicher Weise die Chance eröffnet, sein Einkommen durch Mehrleistung zu steigern. Auch darf die Höhe des Einkommens der (ausführenden) Mitarbeiter innerhalb einer Arbeitsgruppe nicht zu sehr auseinanderklaffen, es sei denn, die Abweichung ist durch einen Unterschied in der Qualifikation oder im Leistungsbeitrag der Mitarbeiter gerechtfertigt.

Eine Teamprämie ist in besonderem Maße geeignet, die Zusammenarbeit zwischen den Mitarbeitern einer Arbeitsgruppe zu fördern.

Ergebnisbezogen:

Es ist anzustreben, das Unternehmensergebnis und die Vergütung der Mitarbeiter aufeinander abzustimmen. Wenn ein Unternehmen hohe Gewinne verzeichnet, ist es für die Mitarbeiter frustrierend, wenn ihr Einkommen vergleichsweise dürftig ist. Umgekehrt ist ein Vergütungssystem bedenklich, das die Einkommen der Mitarbeiter steigert, während der Unternehmensgewinn spürbar zurückgeht.

4.5.3 Vergütungssysteme: Übersicht und Beurteilung

■ **Festgehalt**

Beim Festgehalt erhält der Verkäufer monatlich ein festes Einkommen, das innerhalb des vereinbarten Zeitraumes unabhängig von der erbrachten Verkaufsleistung gezahlt wird.

Dieses Vergütungssystem ist nicht oder zumindest nicht kurzfristig leistungsorientiert.

Langfristig kann eine Verbindung zumindest zur bisher erbrachten Leistung hergestellt werden, wenn das Festgehalt in überschaubaren Zeiträumen (z.B. nach einem Jahr) leistungsorientiert variiert wird. Bei dieser Regelung ist ein Leistungsanreiz durchaus vorhanden.

Der Vorteil des Festgehaltes liegt für das Unternehmen darin, daß es leicht zu berechnen ist, und für den Mitarbeiter darin, daß er mit einem beständigen Einkommen rechnen kann.

In der Kalkulation schlägt sich das Festgehalt als fixe Kosten nieder. Diese belasten das Unternehmen um so weniger, je höher der Umsatz ist. Bei rückläufigem Umsatz wirken sie sich nachteilig aus.

Das System des Festgehaltes ist unflexibel und deshalb als Steuerungsinstrument für die Verkaufsleitung untauglich. Es fördert allerdings die Bereitschaft der Mitarbeiter, ihre Aufgaben mit Sorgfalt und Umsicht wahrzunehmen. Eine solche qualitätsorientierte Arbeitsweise ist besonders wichtig, wenn zur Kundenbearbeitung eine ausführliche Beratung gehört.

■ **Umsatzprovision**

Die Umsatzprovision ist das am häufigsten angewandte Vergütungssystem. Sie wird über einen festen Prozentsatz vom erzielten Umsatz ermittelt und kann ausschließlich oder in Verbindung mit einem Fixum gezahlt werden.

Handelsvertreter erhalten als Vergütung im allgemeinen ausschließlich Provision, wohingegen fest angestellten Mitarbeitern die Provision zusätzlich zu einem Fixum gezahlt wird. Im letzteren Fall ist darauf zu achten, daß der Provisionsanteil hinreichend groß ist, so daß die Provision auch als Anreiz wirkt.

Der Prozentsatz, nach dem die Umsatzprovision ermittelt wird, kann einheitlich oder nach Produkt- oder Kundengruppen unterschiedlich sein (Staffelprovision). Bei der Staffelprovision sollte sich die Höhe des Provisionssatzes im Regelfall nach der Gewinnspanne der jeweiligen Produkt- oder Kundengruppen richten.

Der Provisionssatz kann weiterhin mit der Höhe des Umsatzes variieren. Die Provision kann linear, progressiv oder degressiv zum Umsatz verlaufen. Entsprechend ist der Leistungsanreiz gleichbleibend, zu- oder abnehmend.

Kalkulatorisch ist zu beachten, daß die steigende Kostenbelastung der progressiven Provision durch die allgemeine Kostendegression, bewirkt durch den Umsatzanstieg und die zunehmende Kapazitätsauslastung des Unternehmens, ausgeglichen oder sogar überkompensiert werden kann.

Die Provision kann durchgängig gewährt werden oder erst bei einem festzulegenden Sockelumsatz beginnen. Bei der Umstellung von Festgehalt auf ein Provisionssystem kann beispielsweise der bisher erzielte Umsatz als Sockelbetrag vereinbart werden, und Provision wird erst für den Mehrumsatz gezahlt.

Nachteilig wirkt sich bei der Umsatzprovision aus, daß die Verkaufsanstrengungen der Mitarbeiter auf den Umsatz und nicht auf den Gewinn gelenkt werden. Der Verkauf der umsatzstarken und leicht verkäuflichen Produkte wird zu Lasten der anderen gefördert. Diese Konsequenz ist für die Ertragsbildung schädlich, sofern die umsatzstarken Produkte nicht auch die gewinnträchtigen Produkte sind. Die gestaffelte Umsatzprovision verringert diesen Mangel.

■ **Ertragsprovision (Deckungsbeitragsprovision)**

Die gewinnorientierte Marktbearbeitung durch die Verkäufer wird durch die Ertragsprovision gefördert, die auf der Grundlage des Deckungsbeitrages errechnet wird.

Voraussetzung für die Einführung dieses Vergütungssystems ist das Vorhandensein einer Deckungsbeitragsrechnung.

Der Deckungsbeitrag ist eine Bruttoerfolgsgröße, die ermittelt wird, indem vom Umsatz ausschließlich die „zurechenbaren" Kosten abgezogen werden. Die Deckungsbeitragsrechnung beruht also auf einer Teilkostenrechnung. Dabei ist genau zu bestimmen, welche Kosten verrechnet werden und welche außer Ansatz bleiben sollen. Geschieht dies nicht, wird die Deckungsbeitragsrechnung zu einem Objekt der Manipulation, und es kann nicht erwartet werden, daß die Mitarbeiter eine solche Vergütungsgrundlage akzeptieren.

Nachteilig kann sich bei der Ertragsprovision auswirken, wenn sich die Mitarbeiter auf den Verkauf der gewinnstarken Geschäfte konzentrieren und die „Breitenarbeit" (Verkauf des ganzen Programms, Bearbeitung aller Kunden) vernachlässigen.

■ **Prämiensystem**

Beim Prämiensystem werden Zusatzvergütungen zum Festgehalt oder zur Provision für spezielle Zielvorgaben (Leistungen oder Ergebnisse) gezahlt. Das Prämiensystem ist ein Steuerungsinstrument, durch das die Mitarbeiter aktiviert werden sollen, sich für die Erfüllung (oder Übererfüllung) bestimmter Ziele besonders intensiv einzusetzen.

Hierbei kann es sich um kurz- und langfristige Ziele handeln. Grundsätzlich können die Ziele in der Erfüllung von

- Umsatz- und Deckungsbeitrags-Vorgaben,
- Schwerpunktaufgaben (z.B. Neuakquisition) oder
- Leistungsvorgaben (z.B. Zahl der Besuche je Tag)

bestehen.

Prämien können für die Mitarbeiter im einzelnen oder für Arbeitsgruppen (Teamprämie) vereinbart werden.

Die Wirksamkeit des Prämiensystems hängt – neben der Empfänglichkeit der Mitarbeiter für finanzielle Anreize – von der Höhe der Prämie und den Aussichten ab, die Prämie zu erreichen. Prämien können dazu verführen, das Stammgeschäft zu vernachlässigen.

■ **Verkaufsquoten-System**

Ähnlich dem Prämiensystem, das als Berechnungsgrundlage für die Vergütung die Verkaufsquote verwendet, wird beim Verkaufsquoten-System das Einkommen des Mitarbeiters an den Vertriebsplan (Soll-Umsatz oder Soll-Deckungsbeitrag) gekoppelt. Im Gegensatz zum Prämiensystem wird jedoch nicht bei Erreichen der Verkaufsquote eine Prämie gezahlt, sondern das Einkommen des Mitarbeiters verändert sich mit dem Erfüllungsgrad der vorgegebenen Verkaufsquote.

Dieses Verfahren ist sehr flexibel. Es ermöglicht, die Einkommen Jahr für Jahr an die jeweilige Marktsituation anzupassen. Außerdem werden die Verkaufsleitung und die Mitarbeiter veranlaßt, sich im Rahmen der Jahresplanung intensiv mit Marktpotentialen und -veränderungen auseinanderzusetzen.

Ein wesentliches Problem des Verkaufsquoten-Systems liegt in der Neigung der Mitarbeiter, die Verkaufsquote bewußt niedrig zu halten, um auf diese Weise ihre Chancen auf ein höheres Einkommen durch eine Übererfüllung der Zielvorgabe zu verbessern. Dieser Versuchung kann dadurch entgegengewirkt werden, daß nicht nur das Verkaufsergebnis, sondern auch die Qualität der Verkaufsplanung in der Vergütung berücksichtigt wird. Danach wird die Überleistung zwar zusätzlich vergütet, für die Fehlplanung der Verkaufsquote jedoch – sowohl bei Unter- als auch Überschätzung – ein Abzug vorgenommen.

■ **Gewinnbeteiligung**

Die Gewinnbeteiligung ist im Grunde eine ertragsorientierte Fortsetzung der Deckungsbeitragsprovision (Ertragsprovision). Im Gegensatz zur Deckungsbeitragsprovision ist die Berechnungsgrundlage für den zusätzlichen Vergütungsanteil bei der Gewinnbeteiligung nicht ein Bruttogewinn, der in engem Zusammenhang mit dem Leistungsergebnis des Mitarbeiters steht, sondern das betriebliche Gesamtergebnis.

Die Gewinnbeteiligung ist der Ausdruck eines Führungskonzepts, das Mitarbeiter zu Mitunternehmern machen will. Eine logische Konsequenz dieses Konzepts ist es, neben der Gewinnbeteiligung auch eine Vermögensbeteiligung einzuführen.

4.6 Die Aktivierung der Mitarbeiter

Das Leistungsergebnis der Mitarbeiter hängt von drei Leistungsfaktoren ab, nämlich von der Leistungsfähigkeit, der Leistungsbereitschaft und den Leistungsbedingungen. Unter diesen Bestimmungsgrößen der menschlichen Arbeitsleistung kommt der Leistungsbereitschaft eine dominierende Bedeutung zu. Ohne die Leistungsbereitschaft bleiben sowohl hohe Leistungsfähigkeit wie auch hervorragende Leistungsbedingungen ungenutzt.

Spezielle Maßnahmen zur Aktivierung der Mitarbeiter im Verkauf
– Mehrvergütung
– Verkaufswettbewerbe
– Zielvorgaben
– Mitwirkungsmöglichkeiten
– Workshops
– Objektives Beurteilungssystem
– Mitgliedschaft in Arbeitskreisen
– Ranglisten
– Club-Mitgliedschaften inkl. geeigneter Insignien
– PKW-Bereitstellung, inkl. Modell- und Ausstattungswahl
– Pokale
– Anerkennungsbriefe
– Sonderurlaub
– Besuch einer interessanten Messe
– Buch mit Widmung
– Abonnement einer Fachzeitschrift
– Mitglied im Beratungsgremium der Geschäftsleitung
– Weiterbildungsmöglichkeit
– Informationen über Geschäftspolitik

Besonders im Außendienst kann die Bedeutung einer hohen Arbeitsmotivation für das Leistungsergebnis nicht hoch genug eingeschätzt werden. Verkäufer sollen Kunden zum Kauf motivieren.

Bestimmungsgrößen für die Leistungsbereitschaft der Mitarbeiter
– Einstellung zur Arbeit
– Eignung für die Aufgabe
– Inhalt und Gestaltung der Tätigkeit
– Führungskonzept
– Arbeitsklima
– Persönliche Verhältnisse des Mitarbeiters

Voraussetzung, um andere motivieren zu können, ist eine hohe Eigenmotivation.

4.7 Die Unterstützung der Mitarbeiter

Das Leistungspotential der Mitarbeiter kann um so besser genutzt werden, je stärker sie durch sachgerechte Leistungsbedingungen unterstützt werden. Es ist eine wichtige Aufgabe des Managements, für produktive Leistungsbedingungen Sorge zu tragen.

Diese Forderung ist besonders an die Verkaufsleitung zu stellen, die über vielfältige Möglichkeiten verfügt, in das Verkaufsgeschehen fördernd einzugreifen.

Zu diesem Zweck sind zunächst die absatzpolitischen und organisatorischen Grundvoraussetzungen dafür zu schaffen, daß erfolgreich verkauft werden kann. Zu diesen grundlegenden Leistungsbedingungen gehören vor allem ein marktgerechtes Verkaufsprogramm, wettbewerbsfähige Verkaufspreise und -bedingungen und eine zuverlässige Auftragsabwicklung.

Besonders förderlich sind hierbei neue oder verbesserte Produkte, die es dem Verkauf ermöglichen, neben dem Routinegeschäft etwas „Neues" anzubieten.

Hinzu kommen spezielle unterstützende Maßnahmen, die die Aktivitäten des Verkaufspersonals verstärken oder die Mitarbeiter bei ihrer Tätigkeit entlasten.

Aktivitätsfördernde Maßnahmen für das Verkaufspersonal

- Ausreichende Einarbeitung, Schulung, Weiterbildung
- Informationen über den Markt und das eigene Unternehmen
- Überzeugende Verkaufsargumente und -hilfen (z.B. Verkaufsprospekte, Hausmessen) zur Demonstration der Produktvorteile und Beweisführung
- Zweckmäßige Arbeitsmittel
- Flankierende verkaufsfördernde Maßnahmen, wie z.B. Sonderangebote
- Gemeinsame Kundenbesuche
- Hausmessen
- Anregende Fachgespräche zwischen Verkaufsleitung und -personal
- Verstärkte Zusammenarbeit zwischen Außendienst und Innendienst im Team (z.B. bei Kontaktanbahnung/Türöffner, Angebotserstellung, Nachbearbeitung, Terminplanung)
- Werbemaßnahmen

Unterstützende Maßnahmen dürfen von der Verkaufsleitung nicht „am grünen Tisch" entwickelt werden. Maßnahmen, die nicht aus der aktuellen Verkaufserfahrung entstehen, sind oft marktfern, sie werden vom Verkaufspersonal nicht akzeptiert und schaden dann mehr als sie nützen.

Aus diesem Grunde empfiehlt sich eine enge Zusammenarbeit mit dem Verkaufspersonal. Dadurch erhöht sich nicht nur die Akzeptanzbereitschaft der Mitarbeiter, sondern es entstehen auch zusätzliche Ideen. Gerade unter dem Aspekt der Kreativität kann die Entwicklung neuer unterstützender Maßnahmen auf den folgenden Wegen vorangetrieben werden:

– Meinungsaustausch mit den Verkäufern über bisher nicht genutzte Möglichkeiten für eine verstärkte Marktbearbeitung sowie über Hemmnisse, Störfaktoren und „Zeitfresser" im Verkauf,

– Erfahrungsaustausch mit den Verkäufern über individuell entwickelte Selbsthilfemaßnahmen,

– Bildung einer Projektgruppe zur Erarbeitung neuer Ideen,

– Einsatz von praktikablen Kreativitätstechniken (z.B. Brainstorming, Metaplan-Technik),

– Wettbewerbsanalyse,

– Gespräche mit Kunden und Lieferanten.

5 Die Verkäuferschulung

5.1 Die Aufgaben der Verkäuferschulung

Um den vielfältigen Anforderungen, die heute an das Verkaufspersonal gestellt werden, gerecht werden zu können, ist eine intensive und umfassende Schulung der Verkäufer unerläßlich.

Durch die Verkäuferschulung soll das Verkaufspersonal dazu befähigt werden,

- die Kunden sachgerecht zu informieren und zu beraten,

- die Verkaufsverhandlungen psychologisch richtig zu führen,

- die Interessen des Unternehmens richtig zu vertreten,

- als Gesprächspartner an der Marketingplanung mitzuarbeiten und

- seine Arbeit rationell zu organisieren.

Die Verkäuferschulung dient zunächst dazu, das Verkaufspersonal für seine Tätigkeit besser zu qualifizieren. Darüber hinaus bietet sie die Möglichkeit, Mitarbeiter zusätzlich zu aktivieren. Durch die Schulung werden nämlich die Mitarbeiter in gewissen Zeitabständen aus ihrer Routinetätigkeit herausgenommen. Sie erhalten neue Anregungen und Impulse, nicht zuletzt durch den Abstand zum Tagesgeschäft. Das beflügelt. Voraussetzung für diese aktivierende Wirkung der Verkäuferschulung ist allerdings, daß sie ansprechend gestaltet wird.

Aus der beschriebenen Aufgabenstellung ergeben sich für die Verkäuferschulung die in der Übersicht dargestellten Inhalte:

Inhalte der Verkäuferschulung
– Allgemeine Informationen über das Unternehmen
– Produkte und Märkte des Unternehmens
– Aufgaben und Bedeutung des Verkaufs
– Verkaufspsychologie und -technik (Verkaufstraining)
– Grundlagen des Marketing
– Kalkulatorisches Denken (Leitidee: „Gewinn geht vor Umsatz")
– Rationelle Arbeitsorganisation im Verkauf (Tourenplanung, Besuchsvorbereitung, Arbeitsunterlagen)
– Wege zum persönlichen Erfolg (die Bausteine der Persönlichkeit)

Unter diesen Themen nimmt das Verkaufstraining eine besonders wichtige Rolle ein. Die Aufgabe des Verkaufstrainings besteht darin, „die Kunst des Verkaufens" zu vermitteln.

Voraussetzung für eine wirkungsvolle Schulung ist, daß methodisch richtig vorgegangen wird. Gegen diese Forderung wird in der Praxis häufig verstoßen.

5.2 Das erfolgreiche Verkaufsgespräch

„Wie führe ich erfolgreiche Verkaufsgespräche?" Dies ist die zentrale Frage, mit der sich das Verkaufstraining beschäftigt.

Erfolgreiches Verkaufen ist zunächst nicht eine Frage der Technik, sondern des Konzepts.

Das erfolgreiche *Verkaufskonzept* beruht auf zwei Bausteinen:

- Kunden kaufen ein Produkt, weil sie sich davon einen Nutzen versprechen. Der erfolgreiche Verkäufer verkauft deshalb Problemlösungen, und nicht Produkte.
- Das Verkaufsgespräch ist als Dialog und nicht als Monolog zu führen.

Gegenstand des *Verkaufstrainings* sind im wesentlichen die folgenden Sachverhalte:

- der Aufbau und die Vertiefung persönlicher Beziehungen zum Kunden,

- die Analyse der Kundensituation,

- die Kundenberatung,

- die Nutzenargumentation und -demonstration,

- die Begegnung von Einwendungen,

- das Preisgespräch,

- der Verkaufsabschluß.

5.3 Methodische Grundregeln der Verkäuferschulung

Verkäuferschulung muß mit System betrieben werden, wenn sie wirken soll. Dazu sind insbesondere die folgenden lernpsychologischen Grundregeln zu beachten:

- Zum Schulungserfolg gehört die Regelmäßigkeit. Einmalaktionen bewirken wenig.

- Ohne Lernbereitschaft kein Lernerfolg. Voraussetzung für erfolgreiche Schulung ist deshalb, daß die Teilnehmer für die Schulung motiviert sind.

  Als Maßnahmen, um eine positive Einstellung der Mitarbeiter zu gewinnen und zu erhalten, empfehlen sich:

  - Nutzen für das Unternehmen und für die Teilnehmer aufzeigen,
  - Neugier wecken,
  - Inhalt anregend darbieten
  - Mitarbeit aktivieren
  - Schulung abwechslungsreich gestalten.

- Der Zweck der Verkäuferschulung ist nicht allein Wissensvermittlung, sondern auch Verhaltensänderung. Zu diesem Zweck reichen Vorträge nicht aus. Hinzu kommen müssen praktische Übungen. Training on the job ist deshalb eine wichtige Ergänzung der „theoretischen" Verkäuferschulung.

- Weniger ist oft mehr. Die Verkäuferschulung darf stofflich nicht überladen werden. Konzentration erhöht die Schlagkraft.

- Erfolgreiche Verkäuferschulung arbeitet mit mehreren Methoden. Kurzvorträge sind zu ergänzen durch Diskussionen, Erfahrungsaustausch, Fallstudien und Rollenspiele. Besonders wichtig sind die Übungen, zu denen auch das Training on the job gehört.

- Im Vordergrund steht das aktive Lernen. Das reine Zuhören muß in den Hintergrund treten. Aktives Lernen bedingt kleine Teilnehmerzahlen.

- Beim Programmaufbau und der Pausengestaltung ist die physiologische Leistungskurve des Menschen zu berücksichtigen.

- Bei der Gestaltung der Referate sind folgende Anforderungen zu beachten:
  - Übersichtlichkeit (Gliederung),
  - Anschaulichkeit (Beispiele aus der Praxis),
  - Bedeutung für die Zuhörer (Situationstransfer),
  - Visualisierung (Einsatz des Tageslichtprojektors).

- Persönliche Erfolgserlebnisse aktivieren die Teilnehmer.

- Erfolgskontrollen erhöhen Wirkung und Wirtschaftlichkeit des Verkäufertrainings.

Literaturverzeichnis

Altmann, H. Chr.:
Motivation der Mitarbeiter, Frankfurt/Main 1989.

Bänsch, A.:
Verkaufspsychologie und Verkaufstechnik, 5. Aufl., München/Wien 1993.

Bänsch, A.:
Käuferverhalten, 5. Aufl., München/Wien 1993.

Carlzon, J.:
Alles für den Kunden, 3.Aufl., Frankfurt/Main 1989.

Carnegie, D.:
Wie man Freunde gewinnt, Bern/München 1985.

Crisand, E.:
Psychologie der Gesprächsführung, 4.Aufl., Heidelberg 1992.

Detroy, E.-N.:
Wie man mit Brief, Telefon und Erstbesuch neue Kunden systematisch und dauerhaft gewinnt, 2. Aufl., Landsberg 1984.

Detroy, E.-N.:
Sich durchsetzen in Preisgesprächen und -verhandlungen, 5. Aufl., Landsberg 1992.

Domschke, W.:
Logistik: Rundreisen und Touren, 3. Aufl., München/Wien 1990.

Finkenrath, R.:
Aktiv verkaufen vom Schreibtisch, München 1982.

Goehrmann, K. E.:
Verkaufsmanagement, Stuttgart 1984.

Greff, G. u.a. (Hrsg.):
Direktmarketing mit neuen Medien, Landsberg 1987.

Häussermann, E.A.:
Bezirkseinteilung, wirkungsvolle Kunden-Klassifizierung und Besuchsaktivität, Landsberg 1983.

Hermanns, A./Prieß, St.:
Computer Aided Selling (CAS), München 1987.

Jessen, P. u.a.:
Verkäufer-Auswahl, St. Gallen 1989.

Koinecke, J.:
Effizientes Verkaufs-Management, Landsberg 1990.

Körlin, E.:
Gewinnorientiertes Verkaufsmanagement mit Deckungsbeitragsrechnung und Profit Centers, München 1982.

Kotler, PH.:
Marketing-Management, 4. Aufl., Stuttgart 1982.

Link, J./Hildebrand, V.:
Database Marketing und Computer Aided Selling, München 1993.

Ohoven, M.:
Die Magie des Power-Selling – Die Erfolgsstrategie für perfektes Verkaufen, 7.Aufl., Landsberg 1993.

Pepels, W.:
Werbung und Absatzförderung, Wiesbaden 1994.

Pfeiffer, H.:
Neue Kunden gewinnen – Instrumente der Akquisition, Datenbanken etc., Wien 1989.

Pflaum, D. u.a.:
Verkaufsförderung, Landsberg 1993.

Sherlock, P.:
Unternehmen als Kunden: Neue Strategien im Business to Business Marketing, Frankfurt/Main 1992.

Sprenger, K.R.:
Mythos Motivation, Frankfurt/New York 1991.

Tietz, B.
Der Direktvertrieb an Konsumenten, Stuttgart 1993.

Toop, A.:
Große europäische Promotions, Ueberreuter 1993.

Unger, F.
Marktgerechte Außendienststeuerung durch Leistungsanreize, Heidelberg 1985.

Weis, H.C.:
Verkauf, 3. Aufl., Ludwigshafen 1993.

Witt, J.:
Absatzmanagement, Wiesbaden 1994.

Zahn E.:
Durch Btx, Teletex, Telefax und MDE die Wirksamkeit des Verkaufsbereichs verbessern – was tun?, München 1984.

Stichwortverzeichnis

A

Absatzerfolg 2
Absatzgebiet 18
Absatzmethode 25
Absatzpotential 21, 79
Absatzstrategien 24
Absatzziele 20
Arbeitslastverfahren 41
Assessment-Center 54
Außendienst 33
Außendienst-Mitarbeiter 48

B

Beratung 25
Bezugsquote je Kunde 22
Bordsteinkonferenz 73

D

Deckungsbeitragsrechnung je Mitarbeiter 43
Distributionsrate 21

E

Ertragsprovision 98

F

Festgehalt 95
Führungskonzept 26

G

Geschäftsfeld 17
Gewinnbeteiligung 100
Großkundenbetreuer 37

H

High pressure selling 56

I

Innendienst 33

K

Käuferreichweite 21
Key Account Manager 37
Konkurrenzkampf 7
Konzept 15
– der Verkaufsleitung 16
Konzeptplanung 15
Kostenplanung 77

Kunden-Datenbank 90
Kundengrößenstruktur 21
Kundenzufriedenheit 23

L

lean management 39

M

Management-System der
   Verkaufsleitung 88
Marketing 1
Marketing-Konzeption 1
Marketing-Mix 2
Marktanteil 21
Marktbearbeitung 58
Marktinformationen 3
Marktpotential 79
Marktpotentialanalyse 81
Marktsättigung 8
Marktveränderungen 9
Massenmarkt 8

N

Neue Medien 10

P

%Vertriebskosten/Umsatz-
   Rechnung 43

Planungsverfahren 80
Portfolio-Analyse 80
Präferenzen 24
Prämiensystem 98

S

Statistik 69, 70
Steuerungssystem 64

U

Umsatzplanung 75, 78
Umsatzprovision 96
Unternehmensprofil 22

V

4K-Regel 60
Vergütungssystem 91ff.
Verkauf 2, 19
Verkäufer 13
Verkäufer-Eignungsprofil 54
Verkäuferschulung 105
Verkaufsbezirke 45
Verkaufsbudget 78
Verkaufsgespräch 106
Verkaufskonzept 12, 107
Verkaufsleiter 10
Verkaufsmanagement 5
Verkaufsorganisation 30
   – Gliederung 31ff.
   – Größe
     (Mitarbeiterzahl) 40ff.

Verkaufsplanung 74
Verkaufsprogramm 17
Verkaufsquoten-System 99
Verkaufsstil 26
Verkaufstraining 107
Vertriebs-Informationssystem 86
Vertriebskosten 9
Vorstellungsgespräch 51

W

Wettbewerb 7
Wettbewerbsvorteil 24

Z

Zielgruppe 18

Reihe Praxis der Unternehmensführung

K. Balzer
Finanzbuchhaltung
104 S., ISBN 3-409-13558-8

K. Balzer
Buchungen zum Jahresabschluß
ca. 90 S., ISBN 3-409-13520-0

G. Bähr/W. F. Fischer-Winkelmann/R. Fraling u.a.
Buchführung – Leitlinien und Organisation
144 S., ISBN 3-409-13968-0

J. Bussiek
Buchführung – Technik und Praxis
100 S., ISBN 3-409-13978-8

J. Bussiek/R. Fraling/K. Hesse
Unternehmensanalyse mit Kennzahlen
92 S., ISBN 3-409-13984-2

H. Dallmer/H. Kuhnle/J. Witt
Einführung in das Marketing
142 S., ISBN 3-409-13972-9

H. Diederich
Grundlagen wirtschaftlichen Handelns
92 S., ISBN 3-409-13548-0

O. D. Dobbeck
Wettbewerb und Recht
108 S., ISBN 3-409-13966-4

U. Dornieden/F.-W. May/H. Probst
Unternehmensfinanzierung
140 S., ISBN 3-409-13985-0

U.-P. Egger
Kreditmanagement im Unternehmen
80 S., ISBN 3-409-13993-1

U.-P. Egger/P. Gronemeier
Existenzgründung
100 S., ISBN 3-409-18306-X

W. Eichner/S. Braun/K. König
Lagerwirtschaft, Transport und Entsorgung
ca. 100 S., ISBN 3-409-13517-0

D. Glüder
Förderprogramme öffentlicher Banken
120 S., ISBN 3-409-13987-7

W. Hilke
Bilanzieren nach Handels- und Steuerrecht
Teil 1: 134 S.,
ISBN 3-409-13980-X
Teil 2: 160 S.,
ISBN 3-409-13981-8

D. Hofmann
Planung und Durchführung von Investitionen
112 S., ISBN 3-409-13994-X

H. Hub
Aufbauorganisation · Ablauforganisation
100 S., ISBN 3-409-18311-6

L. Irgel/H.-J. Klein/M. Kröner
Handelsrecht und Gesellschaftsformen
122 S., ISBN 3-409-13965-6

G. Jeuschede
Grundlagen der Führung
74 S., ISBN 3-409-18312-4

T. Kaiser
Personalwirtschaft
84 S., ISBN 3-409-13996-6

S. Klamroth/R. Walter
Vertragsrecht
106 S., ISBN 3-409-13967-2

S. Kosbab u.a.
Wirtschaftsrechnen in Unternehmen und Banken
274 S. (Doppelband),
ISBN 3-409-13553-7

A. Kretschmar
Angewandte Soziologie im Unternehmen
88 S., ISBN 3-409-18310-8

V. Kunst
Angewandte Psychologie im Unternehmen
80 S., ISBN 3-409-18309-4

M. Lensing
Materialwirtschaft und Einkauf
156 S. (Doppelband),
ISBN 3-409-13529-4

J. Löffelholz
Grundlagen der Produktionswirtschaft
84 S., ISBN 3-409-13990-7

J. Löffelholz
Kontrollieren und Steuern mit Plankostenrechnung
72 S., ISBN 3-409-13991-5

J. Löffelholz
Lohn und Arbeitsentgelt
80 S., ISBN 3-409-13818-8

J. Löffelholz
Unternehmensformen und Unternehmenszusammenschlüsse
68 S., ISBN 3-409-13989-3

H. Lohmeyer/L. Th. Jasper/ G. Kostka
Die Steuerpflicht des Unternehmens
138 S., ISBN 3-409-13986-9

W. Pepels
Handelsmarketing
132 S., ISBN 3-409-13515-4

W. Pepels
Marketingforschung und Absatzprognose
124 S., ISBN 3-409-13514-6

W. Pepels
Werbung und Absatzförderung
216 S. (Doppelband),
ISBN 3-409-18313-2

D. Scharf
Grundzüge des betrieblichen Rechnungswesens
110 S., ISBN 3-409-13988-5

D. Scharf
Handelsrechtlicher Jahresabschluß
124 S., ISBN 3-409-13914-1

T. Scherer
Markt und Preis
104 S., ISBN 3-409-18308-6

W. Teß
Bewertung von Wirtschaftsgütern
140 S., ISBN 3-409-13889-7

H. D. Torspecken/H. Lang
Kostenrechnung und Kalkulation
152 S., ISBN 3-409-13969-9

H. J. Uhle
Unternehmensformen und ihre Besteuerung
110 S., ISBN 3-409-13979-6

P. W. Weber/K. Liessmann/ E. Mayer
Unternehmenserfolg durch Controlling
160 S., ISBN 3-409-13992-3

J. Witt
Absatzmanagement
132 S., ISBN 3-409-13895-1

J. Witt
Verkaufsmanagement
128 S., ISBN 3-409-13557-X

MIX
Papier aus verantwortungsvollen Quellen
Paper from responsible sources
FSC® C105338

If you have any concerns about our products,
you can contact us on
ProductSafety@springernature.com

In case Publisher is established outside the EU,
the EU authorized representative is:
**Springer Nature Customer Service Center GmbH
Europaplatz 3, 69115 Heidelberg, Germany**

Printed by Libri Plureos GmbH
in Hamburg, Germany